D0996086

DÉCOUVREZ
VOTRE
ASCENDANT

BALANCE

LES ÉDITIONS QUEBECOR
une division de Groupe Quebecor inc.
7, chemin Bates
Bureau 100
Outremont (Québec)
H2V 1A6

Distribution : Québec-Livres

© 1988, Les Éditions Quebecor
© 1992, Les Éditions Quebecor, pour la réédition
Dépôt légal, 2ᵉ trimestre 1992

Bibliothèque nationale du Québec
Bibliothèque nationale du Canada
ISBN 2-89089-471-1
ISBN 2-89089-887-3

Coordonnatrice à la production : Sylvie Archambault
Conception et réalisation graphique de la page
couverture : Bernard Langlois
Maquette intérieure : Bernard Lamy et Carole Garon

Impression : Imprimerie l'Éclaireur

Tous droits réservés. Aucune partie de ce livre
ne peut être reproduite ou transmise sous aucune
forme ou par quelque moyen électronique ou
mécanique que ce soit, par photocopie, enregis-
trement ou par quelque forme d'entreposage
d'information ou système de recouvrement, sans
la permission écrite de l'éditeur.

JACQUELINE AUBRY

DÉCOUVREZ
VOTRE
ASCENDANT

BALANCE

Les Éditions
Quebecor

PRÉFACE

Plus facile d'écrire un article que de préfacer le livre d'une femme que l'on aime «presque» inconditionnellement.

Je dis «presque» parce que nul n'est parfait et que l'adoration béate n'est pas à mes yeux une relation saine.

Que dire d'elle ? Que dire de son travail ? de ses livres ? si ce n'est qu'elle fait tout pour l'amour qu'elle porte à la race humaine qu'elle perçoit à travers la lorgnette des 12 signes astrologiques.

Tel l'alchimiste devant ses fioles, la carte du champ des étoiles étalée devant elle, elle récupère le jeu des forces de l'individu pour s'en faire une énergie qui passe par sa pensée dans l'écriture.

Dans cette recherche de l'immédiat, notre astrologue retrouve ce lien d'intensité qui la guidera vers l'autre, vers une pensée authentique... ou vers une pensée sauvage. Tout le monde n'a pas les mêmes balises, les mêmes priorités, les mêmes aspirations. Et rien n'est l'effet du hasard. Quelqu'un n'a-t-il pas dit quelque part qu'un éternuement à un bout de la planète peut provoquer un tremblement de terre à l'autre bout.

Pendant la guerre du Golfe, l'année dernière, l'éternuement s'était produit, il suffisait d'attendre le tremblement de terre. Jacqueline avait dit qu'il se produirait le 17 et non le 15 janvier comme tout le monde s'y attendait. La lune, disait-elle, était en carré Vénus, carré Saturne, carré Mercure, carré Neptune. Ciel chargé, aspects négatifs.

Bref, ce 17 janvier, j'étais de garde à Radio-Canada à l'émission d'information pour laquelle je travaille. Et je surveillais le

7

fil de presse et les écrans de télévision. J'avais blagué avec mes collègues en leur disant que je préférais ne pas rentrer à la maison puisqu'il allait falloir revenir et travailler, que ce soir était le grand soir, mon astrologue me l'avait prédit.

À 00h 00 GMT, en début de soirée à Montréal, la Maison Blanche annonçait que l'opération «Tempête du désert» pour la libération du Koweit avait débuté.

Au cours des jours qui suivirent, nous avions du pain sur la planche. Nous travaillions si fort et pendant de si longues heures que chaque fois que je voulais prendre une pause de quelques minutes, j'appelais Jacqueline et lui faisais le bilan du déroulement de la guerre. Elle me décrivait dans son vocabulaire les événements qui allaient se produire à travers la carte du ciel de Saddam Hussein, celle du président Bush et des planètes régissant les pays impliqués. J'étais sidérée par la compréhension qu'elle avait des événements qui se déroulaient dans le Golfe, d'autant plus que je connaissais pertinemment le peu d'intérêt qu'offrent les nouvelles aux yeux de Jacqueline.

«Ce sont toujours de mauvaises nouvelles, je préfère ne pas les regarder», répète-t-elle souvent.

Elle me disait sans cesse au début du mois de janvier que la guerre se transformerait en une Guerre mondiale, parce que, croyait-elle, on va prendre cette guerre comme alibi pour détourner l'attention vers un autre pays ciblé. Dès le 18 janvier, Israël recevait son premier missile Scud. Jacqueline disait que cette guerre allait faire rejaillir de vieilles querelles et que des populations entières se retrouveraient loin de chez elles.

Que le monde entier serait bouleversé après cela... que des amitiés entre peuples allaient refaire surface et qu'il y aurait un retour aux valeurs spirituelles dans de nombreuses parties du globe. Faute de pain, on met son espoir en Dieu.

Le 24 janvier, Jacqueline, qui trouvait un intérêt particulier à cette guerre, m'appelait pour me dire qu'il y aurait un événement qui se produirait sur l'eau dans les prochains jours. On salit la planète par vengeance, m'informait-elle. Ça allait être affreux. La lune était en capricorne et Jupiter en cancer (l'eau) et comme Mars était en Sagittaire, ça allait se répandre. Et Saddam Hussein ne s'en tiendrait pas là; il allait recommencer une autre fois.

Le 25 janvier, Washington et Ryad accusaient l'Irak de déverser d'énormes quantités de pétrole dans le Golfe provoquant ainsi une très grave marée noire.

Le 30 janvier : annonce d'une seconde marée noire au large de l'Irak...

Là, la Lune était en Poissons carré Mars. La Guerre par l'eau.

Cruellement, c'est dans les guerres que les peuples, que les gens se révèlent le mieux. C'est dans ses réflexions sur la guerre, sur les civils qui se faisaient massacrer que Jacqueline me dévoilait son propre attachement à la vie, aux éternels recommencements provoqués... de ces éternels recommencements annonciateurs d'une certaine plénitude de l'être.

N'empêchons pas le mouvement. S'il n'a pas lieu, n'empêchons pas l'idée du mouvement.

J'ai des cahiers pleins de notes sur les prédictions des différents mouvements engendrés dans divers pays, autant que sur les bouleversements causés dans ma propre vie. Si un jour quelqu'un trouvait ces cahiers, il s'amuserait assurément à départager les événements collés à l'actualité des prédictions mondiales de Jacqueline ainsi que ses réflexions personnelles sur mes amis, enfants, amours...

L'éclatement de l'URSS fut prédit par Hélène Carrère d'Encausse il y a dix ans dans son livre «l'Empire éclaté». Elle est politicologue.

Dans son jargon astrologique (que je ne comprends qu'à travers les archétypes de Jung : lectures qui ont accompagné mon adolescence), Jacqueline m'expliquait, elle, que la Russie, le pays du Verseau, ne serait plus cette année ce qu'il était. Elle ne voyait que chaos et désordre. Qu'il y aurait de nombreux petits pays qui se formeraient et que de plus en plus de populations crèveraient de faim pendant des années.

Mais laissons de côté les pays, la guerre, les idées alarmistes pour se tourner vers vous, les lecteurs de ce livre...

Si vous tenez ce livre entre vos mains, c'est déjà un bon signe. C'est que vous vous intéressez au moins à votre propre naissance. Il y a donc de l'espoir. C'est toujours terré dans un coin, loin des autres, que l'on se pose les questions : Qui suis-je ? Où vais-je ? Et comment et avec qui y aller ? Si l'on pouvait au moins trouver une interprétation à certains archétypes

BALANCE

permanents, l'on pourrait se concentrer sur les rapports analogiques entre les êtres, les choses, les étoiles et retrouver celle qui doit guider la plupart d'entre nous... notre bonne étoile.

Mais comment se retrouver dans les ramifications à perte de vue de ce fil qui rattache notre monde — le réel — aux configurations célestes?

Comment se retrouver dans les faux miroirs? Puisque la vie est autre que ce que l'on écrit. Parce que l'écriture peut être trompeuse lorsqu'elle provoque une certaine idéalisation des événement. L'écriture caricature, mais elle est aussi liberté.

C'est ce désir de liberté qui sommeille au fond de chaque signe qui vous sera extirpé dans ce livre, ce désir de se voir dans un miroir non déformant, de se voir Être dépouillé de tout mensonge, de brefs éclats du miroir perdu à la recherche ne serait-ce que... d'une parcelle de vérité.

Comme si le monde allait de lui-même se restituer en un monde d'équilibre des ressources, des avoirs, des forces de construction d'un monde nouveau. Le prochain siècle s'inscrira peut être sous le signe des valeurs universelles... Après tout, ce sont ces valeurs qui assurent la permanence.

Ce livre s'adresse à chacun des signes, leurs ascendants et veut aussi créer ce rapport analogique que recherchent les gens seuls à la recherche d'un être qui leur soit sous presque tout rapport apparié. Peut être permettra-t-il à certains d'entre vous de chasser les vieux fantômes restés enfouis dans vos vieilles cellules? Peut être vous permettra-t-il également de constater la vraie vie absente comme aussi l'absence de l'autre...

Le couple constitue une des plus grandes forces... le couple n'est-ce pas la force individuelle décuplée?

Seuls, nous ne pouvons pas grand-chose.

Evelyne Abitbol

10

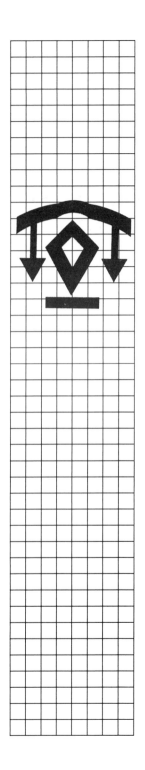

BALANCE

À ma soeur Claudette Aubry, une femme lucide; la mère de Maïa et de Xavier, l'épouse de Sylvain Pigeon : tout ce monde, ça fait une belle famille, des gens harmonieux et heureux.

BALANCE, signe masculin.
Il est le septième signe du zodiaque.
Il est la septième maison du zodiaque.
Il dit NOUS SOMMES.
Son élément est l'air.
Il est un signe cardinal.
Il représente le début de l'automne.
Sa planète est Vénus.
Sa fonction vitale: les reins.

BALANCE

Sous ce signe, il y a alliance entre la raison et le coeur. Les plateaux s'équilibrent sans cesse pour trouver le juste milieu des choses. La Balance aime l'art, la beauté, l'harmonie. Elle ne supporte d'ailleurs pas la dispute, qui affecte immédiatement son système nerveux et son coeur affectif. Signe de raison, puisqu'il se trouve dans un signe d'air, il ne peut vivre sans amour, puisqu'il est régi par Vénus. Il est le symbole du mariage, de l'union. Il faut absolument partager sa raison et son coeur avec quelqu'un. Il y a parfois confusion chez le natif quand il partage sa vie avec quelqu'un: est-il amoureux ou est-il là par raison? La Balance, en fait, ne peut aimer quelqu'un qui n'est pas raisonnable. Elle aime l'intelligence et la discussion intelligente, celle qui mène à l'harmonie entre les membres d'une collectivité, d'une famille, d'un couple.

Ma famille y passe! Ma jeune soeur Claudette, Balance, est d'humeur égale, à moins que vous ne veniez d'un coup sec débalancer ses plateaux! Elle est sereine, de conversation agréable, aimable. De temps à autre, sachant que je travaille beaucoup, elle vient chez moi et m'apporte son délicieux gâteau aux carottes. Je mange les desserts, mais je ne les cuisine pas!

Il m'arrive de lui demander son opinion au sujet de tel texte. Elle prend le temps de le lire attentivement, soupèse ensuite les mots et me donne son jugement. Si elle doit apporter une critique qui provoquera une correction, elle me le fera savoir avec délicatesse, mais avec une telle franchise que c'est admirable. Et c'est juste! Nous avons quelques opinions différentes au sujet de l'éducation des enfants, mais nous ne nous sommes jamais disputées. Nous avons soupesé les pour et les contre intelligemment en nous servant, bien sûr, de nos coeurs de mères! Sa vibration est telle que vous ne vous sentez jamais désapprouvé quand vous maintenez l'équilibre. Bien au contraire! Dans une divergence d'opinions où elle garde les siennes et moi les miennes, il n'y a pas vraiment de reproche. Il y a neutralité jusqu'à preuve du contraire.

La Balance est prudente dans ses raisonnements, elle n'avance rien qui ne soit justifié, prouvé. Elle doit avoir tous les éléments en main avant d'affirmer, ou d'infirmer.

La vie intérieure est active chez elle. Encore une fois, elle soupèse. Il arrive qu'on puisse la juger lâche dans certaines circonstances, il n'en est rien. Elle est hésitante et ne prend pas de décisions qui pourraient faire basculer une situation qui se maintient. Elle n'aime pas lutter. C'est un véritable gaspillage d'énergies pour elle. Le bien-être et l'amour devraient suffire? Et la paix de l'esprit c'est important.

Je connais, par contre, plusieurs sujets Balance qui excellent dans le combat qui mène à la réussite. Je puis vous parler de Francine Gélinas. Elle a bâti son école de danse, elle obtient un grand succès mais elle sait aussi l'entretenir avec intelligence, recherchant sans cesse ce qui pourrait améliorer son produit et plaire davantage à sa clientèle. Francine, comme d'autres natives passionnées par leur art, déploie un zèle et une énergie extraordinaires. Un jour elle me confiait à quel point elle était sensible et vulnérable, et ajoutait qu'il lui était pénible de combattre dans un monde d'affaires, elle qui rêvait de ne vivre que d'amour!

Le mariage, l'union, l'association, c'est vital pour une Balance. Son bonheur dépend souvent de sa vie de couple. Une Balance seule c'est une Balance qui souffre profondément. Ce signe qui est synonyme de pondération sait faire des compromis, des arrangements qui pourront le satisfaire et satisfaire la partie en cause. Il donne parfois une impression de faiblesse, on le croit influençable, mais sachez que ce signe représente l'intelligence et l'action. Une Balance préfère éviter les guerres, les conflits qui aboutissent à des pourparlers agressifs. Et comme son sens de la justice est élevé, elle sait fort bien, tout au fond d'elle-même, que si vous êtes injuste, elle se battra et mieux que vous ne l'auriez soupçonné. Ce gentil signe d'air peut se transformer en tornade si vous menacez ses droits ou si vous oubliez le respect qui lui est dû.

La Balance est toujours plus sensible qu'elle le paraît, et plus exigeante qu'elle en a l'air. C'est un signe cardinal, un signe de commandement et d'organisation, le tout fait intelligemment et

BALANCE

avec le sourire. Son but est de satisfaire tout le monde, ce qui n'est pas une mission facile!

Artiste, le sens de l'esthétique est inné chez elle. Elle a besoin d'appartenir à une collectivité et d'y jouer un rôle, évident mais non violent. Elle n'aime vraiment pas vivre en union libre, il lui faut légaliser. Son amour est lié à un certain conformisme.

C'est une amoureuse passionnée, mais ne laissez pas l'amour se refroidir. Les relations tièdes ne sont pas pour elle et si vous la considérez comme un objet, elle partira. Elle souffrira, mais elle partira.

Je dois avouer que peu de sujets Balance m'ont transmis leurs vibrations d'équilibre. Chez la plupart j'ai plutôt ressenti le déséquilibre de leurs plateaux. Dommage. J'aurais préféré me complaire dans leur juste milieu: c'est calme, reposant. La Balance supportant mal de vivre sans un conjoint, il arrive à plusieurs de s'accrocher à une union boiteuse, de l'entretenir en faisant semblant que ça va bien, que ça pourrait être pire... Résultat, la Balance ne pouvant vraiment vivre trop longtemps en dehors de l'équilibre s'offre une dépression, si je puis m'exprimer ainsi. Et une Balance frustrée ce n'est pas joli à voir...

Il y a la chanteuse Emmanuelle qui me fait l'effet de deux plateaux très grands, dorés, étincelants, aussi remplis d'un côté que de l'autre, et ça se tient! Sa présence est agréable, exaltante, excitante. Vous pouvez vous servir dans l'un ou l'autre de ses plateaux, elle rajoutera une pièce pour maintenir l'équilibre. Son énergie est dans l'amour et l'air en est plein chez elle, on peut la saisir comme une pomme sur son arbre.

Il y a Rolland St-Amour et sa femme Claire, deux Balances. Il est amusant de les voir au cours d'une soirée s'échanger les ajustements qui maintiendront leurs quatre plateaux ensemble. Leurs arguments, tout aussi intelligents de part et d'autre, sont un véritable spectacle! Deux personnes intelligentes qui s'aiment et qui ont toujours raison! Il n'y a pas d'ennui de ce côté, et ils ne sont l'objet ni de l'un ni de l'autre. Ils ont compris depuis longtemps qu'il faut discuter pour se comprendre. Ça fait bien au moins dix ans que les pourparlers sont engagés sur différents sujets! Le tout pour des questions de justice et d'équilibre.

Une Balance n'aime pas vivre seule, elle a besoin de partager ses rêves et ses projets.

BALANCE

Je dois vous dire que j'ai rencontré de nombreux sujets Balance dans ma vie, ayant moi-même trois planètes dans ce signe. Je n'en ai pas encore rencontré qui n'étaient pas raisonnables et qui ne se préoccupaient pas du bonheur d'autrui! Ou du moins de son confort. Être reçu chez une Balance, c'est un traitement royal!

Si quelques Balances adoptent un air hautain, dites-vous bien que, dans ces cas, c'est qu'elles se protègent d'un supplément émotionnel qui leur traverse la colonne vertébrale!

J'ai vu des natifs de ce signe qui narguaient. Je n'ai jamais trouvé ça tout à fait normal de leur part et, comme un bon Scorpion, j'ai voulu savoir ce qui se cachait là-dessous, et j'ai fini par apprendre que la «nargueuse Balance» n'était pas heureuse dans sa vie conjugale. Souvent les attitudes agressives d'une Balance dépendent de sa vie amoureuse insatisfaite! Dommage pour celles-là, elles y perdent en charme! Mordre et faire du charme, ça n'a rien de l'équilibre!

Dans sa jeunesse la Balance est souvent naïve et le temps lui réserve des épreuves comme aux autres. Cependant, la Balance n'arrive que difficilement à oublier ou à pardonner et elle se fait méfiante. Il lui arrive même de se tromper... d'être sur ses gardes, alors que c'est l'heure de faire confiance. Et comme la vie est un enchaînement, être méfiant attire à soi des personnes tout aussi méfiantes et parfois même rusées, qui nous renvoient notre propre image!

La passion d'une Balance est toujours teintée de raison. Et surtout n'allez jamais faire semblant que vous l'aimez, elle le saurait. Ce signe étant le symbole de Vénus, donc de l'amour, si vous la trompez elle peut se transformer en son contraire, et c'est à peine si vous vous rendrez compte qu'elle se venge et qu'elle est malheureuse! Il faudra vous approcher pour vous rendre compte qu'elle sourit en serrant les dents pour ne pas crier sa douleur!

Il est facile de l'aimer. Tout d'abord, il faut être honnête. Pour continuer avec elle, il suffit d'entretenir le romantisme. Elle adore ça et, en échange, elle vous assurera de sa fidélité, vous couvrira de petites attentions dont vous aurez bien du mal à vous passer!

Ses relations avec les autres signes

UNE BALANCE ET UN BÉLIER

Ils seront fortement attirés l'un vers l'autre, mais rien ne garantit que ça durera! Ils peuvent aussi trouver leur équilibre et se compléter, puisqu'ils sont l'un en face de l'autre sur la roue du zodiaque. Il s'agit de deux signes cardinaux, deux «généraux», le Bélier, directement, et la Balance, avec un beau sourire entre les dents! Le Bélier est un signe de feu et la Balance, un signe d'air. L'air attise le feu. Le feu réchauffe l'air, mais s'il y a trop de feu dans l'air, l'air devient irrespirable.

Le Bélier est régi par Mars, le combat; la Balance, par Vénus, l'amour dans un signe d'air, l'amour et la conciliation. Le Bélier ne fait pas de quartier, la Balance discute! Le premier fait rapidement justice, l'autre délibère. L'un fonce sans hésitation, l'autre sert de contrepoids d'une même affaire. Le Bélier est un instinctif sensible et la Balance, une raisonneuse sensible. L'instinct et

BALANCE ET LES AUTRES SIGNES

la raison peuvent se heurter, mais ils peuvent se rencontrer sous le thème de la sensibilité.

UNE BALANCE ET UN TAUREAU

Tous les deux sont des signes vénusiens. Le Taureau est un instinctif et la Balance, un être où le coeur et la raison sont intimement liés. Ils se rencontrent fréquemment. Ils aiment l'amour tous les deux. Pour le Taureau c'est une nourriture quotidienne; pour la Balance, c'est le moyen de connaître quelqu'un jusqu'au bout! Le Taureau est un signe fixe qui ne reçoit pas d'ordres; la Balance, un signe cardinal qui en donne. Le premier est un signe de terre, la seconde est un signe d'air. L'air s'agite et rafraîchit la terre. L'air se fait violent et voilà le typhon qui dévaste la terre. La terre ne peut rien contre l'air, elle n'a pas d'arme, elle ne peut s'élever et arrêter le mouvement. L'air, lui, peut toujours quitter et aller au-dessus d'une autre terre.

La plupart du temps le Taureau sera plus amoureux de la Balance que celle-ci ne le sera de lui. Il aura du mal à l'exprimer, et la Balance aura du mal à deviner. Elle survole la terre et ne sait même pas qu'elle froisse l'arbre ou la fleur! Le Taureau suit son instinct quand il aime, il ne cherche pas la raison, il aime dans la totalité. La Balance a tout inspecté dans les détails, elle fait le bilan; d'un côté, elle aime ce qu'il dit et ce qu'il fait; de l'autre, il peut faire encore plus et mieux.

La Balance demande aux êtres de se perfectionner, elle peut indiquer une route qu'elle ne prendrait même pas, elle a analysé. Elle n'est pas non plus démunie d'instinct, mais elle ne voudrait surtout pas être un animal. Le Taureau l'est, lui, et ça ne le gêne pas. Ce genre de couple fonctionne bien quand chacun est occupé à un travail, à une création. Il s'agit de deux signes vénusiens, l'art peut les lier. Si l'art est absent il y a un risque que l'air monte plus haut et que le sol s'enfonce de son côté. Le Taureau est attaché à ses enfants et peut sacrifier son propre bonheur pour rester près d'eux si la liaison s'effrite. La Balance, si l'amour s'absente, hésitera moins longtemps à demander une séparation. Plus autonome, elle peut délier son coeur de sa raison, agir avec l'un à tel moment et avec l'autre dans l'heure qui suit. Le prolongement d'une liaison entre eux est possible, mais le Taureau ne devra pas s'accrocher à la Balance qui ne supporte pas la sensation d'étouffement ou d'une surveillance trop étroite.

Il devra respecter la liberté d'action que la Balance prend socialement car elle en a besoin pour vivre heureuse. La Balance devra, en revanche, éviter de froisser la sensibilité du Taureau, de l'accuser de lenteur, par exemple, car il n'est pas pressé. Il a besoin qu'on le rassure pour agir et non qu'on lui indique ses faiblesses dont il est bien conscient. Il veut qu'on l'encourage parce qu'on l'aime. Il a besoin qu'on lui donne de nouvelles preuves d'amour, et la Balance doit y voir, même si elle n'a aucun doute sur l'amour qu'elle lui porte. Le Taureau acceptera les initiatives de la Balance, — elle en prend plusieurs — ne les interprétera pas comme si elle se désintéressait de lui. La Balance devra comprendre que le Taureau se laisse parfois prendre par des phases lunaires négatives, et ce dernier devra admettre que la Balance a besoin périodiquement de se retrouver seule et de faire le point. Il devra accepter cette attitude comme une méditation et non comme un éloignement. Ils peuvent s'aimer longtemps, tant et aussi longtemps qu'ils ont des objectifs, différents il est vrai, mais où chacun encourage l'autre à les atteindre. S'ils partagent ensemble un goût artistique, ils peuvent alors atteindre un idéal amoureux.

UNE BALANCE ET UN GÉMEAUX

Deux signes d'air, ils se fascinent l'un l'autre par leur facilité réciproque d'entrer en contact avec les gens, qu'importent les situations. Socialement, ils sont faits pour s'entendre. Ils se stimulent l'un l'autre dans leur créativité et s'encouragent à aller jusqu'au bout. La Balance est beaucoup plus tenace que le Gémeaux, mais celui-ci est souvent beaucoup plus astucieux que l'autre pour d'obtenir des faveurs, des prix spéciaux, pour marchander; il est aussi moins orgueilleux que la Balance et, souvent, ce qui compte pour lui, c'est obtenir selon son désir.

Jamais Balance ne s'abaissera, ne se ridiculisera ou concédera si elle considère que les choses doivent être ainsi, tandis que le Gémeaux ne se gêne nullement pour faire quelques pirouettes afin d'amadouer son client, par exemple! Ils font une bonne paire d'associés; le Gémeaux trouve le client, et la Balance l'entretient pendant que l'autre est déjà parti faire du recrutement et qu'elle, elle prépare le formulaire du futur engagement! En amour, on dit qu'ils sont faits pour aller ensemble, c'est à peu près ce que disent tous les livres d'astrologie. Il est vrai qu'ils sont deux signes d'air, que les compatibilités sont grandes et que les chances de voir durer leur union sont bonnes, mais rien n'est parfait. La Balance pourrait trouver que la cour du Gémeaux est un peu trop légère et inconstante, que sa façon d'aimer frôle la dispersion. Elle sourit entre les dents quand elle le voit faire son charme, mais attention, elle peut mordre aussi et ça le Gémeaux ne s'y attend pas toujours.

La Balance est tolérante envers lui, ses petites fugues, ses retards elle les supporte jusqu'au jour où le vase déborde et le Gémeaux pourrait alors assister à une tornade, le pire ouragan jamais vu. Ou il se case, ou il s'enfuit! C'est souvent une façon de procéder pour la Balance quand elle n'arrive plus à équilibrer

ses plateaux et qu'il y a trop de courants d'air qui les font osciller sans cesse. Le Gémeaux ne se rend pas toujours compte du
moment où il est attaché à l'autre; la Balance, de son côté, le
sait vite, mais elle n'est pas du genre à attendre toute sa vie que
le Gémeaux se range. Elle ne supporte pas longtemps les peut-
être et les hésitations du Gémeaux, qu'il se le tienne pour dit!

Bien que la Balance soit un signe d'amour, dans un signe
d'air, la raison n'est pas absente et elle peut très bien répondre
aux discours du Gémeaux en mettant son coeur de côté pour
qu'il puisse étudier lucidement leurs positions amoureuses. Elle
aime bien que tout soit clair et net, et elle supporte bien mal le
doute. Autant de précision peut effrayer le Gémeaux qui préfère
souvent retarder ses engagements, protéger sa liberté, en profiter, la vivre au maximum.

La Balance aime vivre sa vie dans une union et vivre une
complicité avec l'autre. L'éparpillement, ce n'est point pour elle.
Elle aime séduire, mais ne tient pas à donner son coeur à tous
et à chacun, ni à le voir réduit en miettes d'avoir mal aimé! La
douleur d'un coeur de Balance blessé est immense et les cica-
trices sont longues à fermer totalement. Tandis que le Gémeaux
a la faculté de se «retourner» plus rapidement vers les situations
non douloureuses. Il ne tient pas à souffrir ni à s'éterniser sur
ses bobos. Quand cela arrive, et c'est le cas pour quelques
Gémeaux, ceux-ci ont l'impression de devenir fous et commet-
tent alors de nombreux excès, jusqu'au retour de l'amour... Le
coup du charme a fonctionné encore une fois!

UNE BALANCE ET UN CANCER

Ouf! il y aura beaucoup de travail à faire s'ils ont décidé de
vivre ensemble! Le Cancer est tout simplement irrationnel, et

BALANCE ET LES AUTRES SIGNES

davantage encore quand il rencontre une Balance. Celle-ci le débalance et il n'arrive plus à se comprendre parce qu'elle se met à l'étudier dans tous ses détails et à trouver une raison à tout ce qu'il fait ou pense. Le Cancer peut se contenter de ressentir. La Balance ne peut pas: elle ressent et réfléchit en même temps, puis porte son jugement. Une passion peut naître entre eux, ils tombent follement amoureux et ils le restent aussi longtemps qu'ils ne partagent pas le quotidien.

Le Cancer, plutôt romantique, aime flâner, même quand il manque de temps, et c'est pire encore quand il se trouve en présence de la Balance. Celle-ci lui donne le goût de ne rien faire d'autre que de rêver, mais elle sait qu'il faut s'organiser et ne pas perdre de temps à rêvasser, sauf les jours fériés, où elle est totalement décontractée, c'était prévu. Le Cancer aime l'imprévu, il s'adapte rapidement à la surprise; la Balance supporte mal que, soudainement, on la force à prendre une autre position que celle qu'elle avait prévue.

Le Cancer est un signe d'eau, l'eau est en bas, la Balance est un signe d'air, l'air est en haut, d'où difficulté de communication. Les jours de grands vents l'eau s'agite. L'eau ne monte pas au ciel sauf par l'humidité qui s'élève de terre! Il sera bien difficile à l'eau du Cancer de faire accepter ses inquiétudes d'en bas! L'air est réservé à la circulation aérienne. Cancer et Balance sont deux signes cardinaux. Au début, voulant se charmer, ils ne se rendront pas compte que l'un et l'autre se donnent des ordres! Le Cancer dit, puisqu'il marche de côté: quand tu passeras devant la bibliothèque, apporte-moi ce livre. Il est prêt à attendre, même si la Balance ne passe pas directement par la bibliothèque, il sait ce que c'est que de faire des détours.

La Balance, en voyant le désordre ou la lenteur du Cancer, lui dira (avec un sourire naturellement) de ranger ses choses rapidement s'il vient des gens! Cependant, au bout de quelque temps, la Balance qui analyse tout n'aura plus envie de faire le détour, et le Cancer n'aura plus envie de faire du rangement pour faire plaisir aux autres! Le Cancer vit surtout pour lui, pour se faire plaisir, et la Balance se fait plaisir quand elle épate, ou flatte ceux qui la côtoient, la visitent ou la fréquentent. Elle a grand besoin d'une approbation extérieure. Elle pourrait vous soutenir le contraire, mais il suffit de la regarder agir.

Le Cancer finit par paraître égocentrique pour la Balance qui, elle, a le regard tourné vers l'extérieur. Le Cancer lui apparaîtra pantouflard; il protège son intimité et n'a pas d'heures fixes pour aimer. La Balance apparaîtra trop calculatrice, elle explique tout et juge, et face au Cancer cela peut paraître comme une intolérance. S'ils veulent vivre ensemble et s'aimer, ils devront faire une grand effort pour accepter leurs différences. Et éviter de se donner des ordres, éviter également d'insister pour que l'autre adopte son point de vue comme étant le seul valable! Le Cancer ferait bien de ne pas s'enfermer dans le silence quand c'est le temps d'une explication. La Balance dirait qu'il essaie de se soustraire à la justice! La Balance ferait bien, de temps à autre, d'essayer de comprendre que l'émotion doit être vécue sans explication, comme le Cancer la vit.

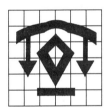 

UNE BALANCE ET UN LION

Ils font un beau duo. Le Lion aime briller et la Balance aime la beauté et l'harmonie. Ils sont donc susceptibles de s'entendre très rapidement et de s'attirer au premier coup d'oeil. La Balance flatte l'oeil et le Lion aime voir la beauté! La Balance ne soupçonne pas au départ le côté autoritaire du Lion, il ne le démontre jamais la première fois! Le Lion ne soupçonne pas le côté amoureusement raisonneur de la Balance. Ça ne saute pas à l'oeil non plus.

La Balance a l'air de s'emballer et le Lion s'y laisse prendre. Il est un véritable chevalier quand il courtise, ensuite il devient le roi. La Balance risque de ne pas être d'accord avec ce fait jusqu'à la fin de sa vie! Elle aime la justice. Le Lion dit: Je suis le Tout, la justice incluse! Il en est si persuadé qu'il risque de débalancer les plateaux de la Balance, qui, avec le temps, les

BALANCE ET LES AUTRES SIGNES

réajustera! La Balance, en général, fera tout son possible pour conserver le lien, et le Lion pourrait même se croire indispensable dans la vie de la Balance, le temps qu'elle réajuste ses plateaux, mais elle n'est pas très rapide. Si la Vierge est une raisonneuse, la Balance l'est tout autant, mais avec le sourire et plus d'optimisme. La Vierge est capable de voir la fin tandis que la Balance trouve rapidement des solutions de rechange et s'ajuste à l'autre au point de faire ce qu'on nomme du «mimétisme». Elle finit par imiter les besoins de l'autre et les faire siens jusqu'à la période de rejet où elle s'affirme elle-même et dit: voilà je suis quelqu'un.

La délicatesse de la Balance, parce qu'elle cherchera à faire plaisir au Lion le plus possible, sera appréciée par lui, cependant il risque au bout d'un certain temps, vu son égocentrisme, de tenir ces délicatesses et ces attentions pour acquises! La Balance, étant le signe de la justice et du moitié-moitié, commencera un jour à se dire que c'est à son tour de recevoir! Mais le Lion, habitué à la «gâterie», pourrait bien ne pas être d'accord de remettre la juste part qui revient à la Balance, si ce n'est après un temps de réflexion que la Balance devra lui donner. Le Lion est assez généreux et assez lucide pour se rendre compte qu'il a exagéré. Alors la Balance se verra tout recevoir d'un seul coup. On pourra voir ses plateaux osciller dans toutes les directions! Il s'agit ici d'une association entre le feu et l'air. L'air de la Balance soufflant sur le feu incite le Lion à la créativité et à l'éveil de la puissance de ses facultés et possibilités.

La Balance, étant raisonnable, saura aider le Lion à orienter ses énergies dans un sens constructif. De plus, l'amour de la Balance pouvant être constant, et le Lion pouvant s'y fier, le voilà qui grandit et devient de plus en plus fort et sûr de lui. Le feu du Lion, de son côté, réchauffe l'air de la Balance et lui donne le goût de l'originalité, le goût d'aller dans d'autres directions que celles qu'elle connaît déjà. Ils sont stimulants l'un pour l'autre. Ils sont capables de s'aimer toute une vie à condition que la Balance soit prête de temps à autre à vivre une originalité, une marginalité. Le Lion aime l'éclat, la distinction, et il souhaite que la personne qui est avec lui en fasse autant. Le Lion devra donc respecter la sensibilité de la Balance, ne pas la tenir pour acquise, même si ça en a l'air! Celle-ci pourrait se réveiller un jour et faire justice! Le Lion en serait fort étonné. Il devra être logique dans les discussions qui demandent de la logique et ne pas se laisser emporter par ses impulsions, même s'il n'est pas d'accord avec la façon de vivre de la Balance qui est trop organisée, trop équilibrée, pas assez excessive. Le Lion aime vivre des excès de temps à autre. Il n'aime pas l'air constamment tiède ou une égale température, il finit par s'ennuyer, alors que la Balance fait tout ce qu'elle peut pour maintenir cet état! Avec un Lion c'est à éviter. Pour vivre toute une vie avec lui, il faut de la fantaisie; il a besoin d'être surpris, épaté, alors que la Balance a besoin de voir son balancier osciller à un rythme égal. Pour qu'ils puissent vivre heureux ensemble, ils doivent éviter la routine. La Balance finit de toute façon par y perdre sa créativité et le Lion, son exaltation!

UNE BALANCE ET UNE VIERGE

Ils sont de bons amis, ont un commerce facile, et tous les deux parlent intelligemment. Quand leurs vibrations se nouent, la Vierge envie le détachement de la Balance et sa capacité d'aimer, à certains moments, hors de sa raison. La Balance admire le côté spéculateur, organisateur de la Vierge qui sait penser à elle d'abord et avant tout. Étant un signe de Vénus, elle pense amour, «j'Aime». L'autre, la Vierge, pense vivre d'une manière confortable avec la Balance. Ce qui fait quand même toute une différence dans l'organisation de la pensée.

D'une nature créative, la Balance a grand besoin d'affection pour produire, faire, agir. Sans amour, elle paralyse, ou presque. La Vierge, elle, peut vivre seule et se contenter pendant longtemps d'analyser une situation. Elle est en fait le signe le plus apte à vivre seul, sans dépendance et sans trop souffrir de sa solitude. Elle travaille, elle fonctionne et, étant le symbole du travail, c'est souvent ce dernier qui prend toute la place et même celle de l'Amour, celui avec un grand A. Les deux ne sont pas incompatibles malgré cette différence de leur vision sentimentale. La Vierge, signe de terre, s'enracine donc et reste auprès de la Balance même si, de temps à autre, l'exaltation de celle-ci l'agace. La Balance symbole de Vénus, deux plateaux qui oscillent, pourrait ne pas se sentir bien en présence de la Vierge à un moment de sa vie, mais elle ne partira pas. Elle oscille, le temps passe, l'union se soude de plus en plus, les habitudes sont prises et toutes deux ont appris à se connaître et à se reconnaître intelligemment. Elles peuvent donc en arriver à une discussion sur leur union qui leur permettra de continuer parce que c'est commode pour la Vierge, et la Balance, de son côté, ne peut vivre sans affection... ce que la Vierge lui donne à la miette, mais certaines Balances s'en contentent parce que, au fond d'elles-mêmes, elles idéalisent plus qu'elles ne vivent la relation.

La Vierge étant le douzième signe de la Balance, elle symbolise son épreuve. Elle a tendance à freiner l'autre, à la retenir, alors que la Vierge pousse la Balance à l'analyse, à la rationalité, au point où cette dernière, qui a déjà un peu de mal à faire confiance aux gens, ne sourit plus que les dents très serrées de peur qu'on lui enlève quelque chose. La Vierge, de par son signe de Mercure, la raison, l'ordre et l'organisation, influencera la Balance à en faire autant et à se consacrer à une carrière plutôt qu'à l'amour. Attention! La Balance est un signe d'air et l'air peut devenir très froid; la Vierge est un signe de terre et l'air froid pourrait tout à coup congeler la terre plutôt que de souffler une brise légère qui la réchaufferait ou la rafraîchirait! Quand cela se produit, la séparation n'est peut-être pas très loin.

La Vierge est une personne critique et le plus souvent ses critiques sont d'une extrême justesse. La Balance, dans son signe de Vénus, préfère voir le beau côté de la vie et finit par mal supporter les remarques de la Vierge qui, bien que justes, finissent par miner l'énergie de l'autre. La Balance apporte à la Vierge la certitude de l'amour, des sentiments. Elle lui donne l'occasion de les exprimer d'abord pour ensuite les vivre. La Vierge n'est pas insensible, elle a simplement peur de livrer le fond d'elle-même, elle pourrait être vulnérable. Et en tant que signe mercurien, elle veut que l'esprit fasse la loi, les sentiments c'est du gâteau au dessert. Ces deux signes s'attirent sur la roue du zodiaque, mais rien ne garantit qu'ils passeront toute une vie ensemble. La Vierge en doute, la Balance espère. Le doute finit par miner l'espoir et l'éloignement commence son ravage. Pour qu'ils puissent vivre heureux ensemble, ils devront faire l'effort de faire abstraction tous les deux de leur passé et vivre la minute présente en route vers l'avenir. Les souvenirs sont tenaces chez l'une comme chez l'autre, elles doivent éviter de se reprocher leurs petits défauts!

La Balance ne devra pas dicter à la Vierge son comportement en société, et la Vierge ne devra pas reprocher à la Balance son romantisme et son goût d'être différent, même quand cela s'éloigne de la logique, par rapport à la Vierge naturellement. Toutes deux devront éviter de dramatiser les petits événements ou le placotage qui les empêcheraient d'être l'une près de l'autre puisqu'elles ne parleraient que des autres. La Vierge, en face de la Balance, a tendance à demander d'être servie! Par amour la Balance ne peut refuser, mais au bout d'un certain temps, quand c'est toujours la même personne qui donne...

Face à la Vierge, la Balance a tendance à développer une dépendance matérielle, sachant très bien que la Vierge est prévoyante et a de l'argent de côté. Et la Balance pourrait bien s'appuyer non pas sur son autonomie financière mais sur celle de la Vierge, et au bout d'un certain temps, quand c'est toujours le même qui paie... Il n'est jamais facile de respecter les différences et quand les signes sont juste l'un à côté de l'autre ils se ressemblent, mais sont en même temps très différents l'un de l'autre!

 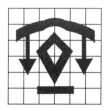

UNE BALANCE ET UNE AUTRE BALANCE

Ils peuvent faire couple, à condition bien sûr que ça balance au même rythme. Sur le plan amitié, ils se comprennent bien, ils en restent à des relations polies, diplomatiques! Les Balan-

BALANCE ET LES AUTRES SIGNES

ces se comportent humainement! Ce symbole n'a rien d'un animal! L'évolution la plus difficile consiste à vivre avec son miroir
et à le regarder sans cesse afin de corriger les défauts, améliorer les qualités jusqu'à ce qu'on obtienne un produit parfait, ou
presque, ou s'en rapprochant. Ils peuvent s'aimer follement et
ne jamais se quitter si l'un et l'autre consentent à ne pas se reprocher leurs défauts mutuels. Qui n'en a pas? Qu'il jette alors la
première pierre! Ils peuvent se reprocher l'un l'autre de ne jamais
se décider, mais pas nécessairement dans le même domaine.
Ils peuvent se reprocher leur coquetterie, mais pas au même
moment... et ainsi de suite.

Il est toujours plus facile à un couple du même signe d'avoir
une dizaine d'années de différence. Les planètes lourdes s'étant
considérablement déplacées, ils peuvent alors s'apprendre
mutuellement ce dont ils ont besoin pour évoluer, entretenir
l'amour. La Balance étant un signe masculin, monsieur se sent
plus à l'aise que madame dans son signe, et il peut arriver que
monsieur exagère ses demandes à cette dame Balance qui ne
saura dire non, du moins au début, et parfois longtemps. La vie
commune de deux signes identiques n'a rien de facile, surtout
qu'il s'agit ici de deux signes cardinaux qui passent leur temps,
même s'ils ne s'en rendent pas compte, à donner des ordres, avec
le sourire naturellement. Un ordre étant un ordre, on finit par en
avoir assez d'en recevoir, même quand il est déguisé. Et voilà
que ces deux personnes tentent continuellement d'imposer l'un
à l'autre leur propre discipline et chacun croit que c'est une question de justice.

Le couple Pierre et Margaret Trudeau, deux Balances, ça n'a
pas fait long feu malgré la différence d'âge! Comment deux
enfants gâtés auraient-ils pu accepter les compromis? La dame
Balance est davantage prête à en faire que monsieur, elle est
plus incertaine, se sent moins en sécurité, et si monsieur veut
garder sa dame du même signe il devra faire un effort de sou-
plesse et consentir au romantisme que madame adore vivre et
revivre comme lorsqu'ils s'étaient rencontrés. Monsieur Balance
pourrait répondre que ce n'est pas logique et madame s'en trouver offusquée qu'on lui reproche son manque de logique... Au
fond, le romantisme n'est pas incompatible avec la logique, il suffit
de choisir le bon moment!

Je dis toujours bonne chance à ces couples du même signe.
D'ailleurs, ceux qui racontent que la vie à deux c'est facile sont
peut-être deux Balances qui y croyaient profondément!

UNE BALANCE ET UN SCORPION

Ce n'est pas vraiment un couple reposant. Il faudra sans doute plusieurs années avant qu'ils puissent parfaitement s'harmoniser et avoir le même rythme de vie. Le Scorpion est pressé dans l'ensemble général de sa vie, et la Balance hésite, soupèse les grandes questions et il lui arrive de ralentir le Scorpion, ce que ce dernier supporte bien mal. Pour lui, c'est se faire imposer une limite, ce qu'il n'est pas disposé à accepter. La Balance, étant un signe de Vénus, attire naturellement le Scorpion qui lui offre de la passion.

Étant un signe fixe, sa vibration est une invitation à la stabilité. Ils seront plutôt directs dans leur manière de se faire la cour. La Balance dit: voilà, je suis amoureux ou amoureuse, et le Scorpion répond: si c'est vrai, on s'embarque pour la vie! La Balance étant un signe d'air elle pourra, au fil du temps, refroidir le signe d'eau Scorpion, mais si elle ne cesse de raisonner et de soupeser, le Scorpion pourrait bien piquer une crise propre à transférer son angoisse sur la Balance et débalancer ses plateaux.

Le Scorpion, le plus souvent, mène sa vie en se fiant à son flair; la Balance réfléchit aux gestes qu'elle fait. Le Scorpion peut commettre des erreurs, c'est bien certain; la Balance, de loin, aura analysé et aura eu raison de ses avertissements qui peuvent être fort utiles à l'un et à l'autre si le Scorpion, en tant que signe fixe, consent à prendre quelques conseils. Le Scorpion pourra aimer passionnément la Balance si celle-ci apprend à se décider rapidement et à vivre quelques fantaisies de temps à autre, ou à changer son horaire pour lui faire plaisir. De son côté, il devra éviter de piquer la Balance qui n'oublie rien et qui un beau jour pourrait, par petite vengeance, en temps opportun, lui remettre ça sur le nez. La Balance devra éviter de donner des ordres au Scorpion. Il n'en prend pas et là-dessus il est plutôt susceptible. Il décide. Il supporte mal qu'on lui dicte ce qu'il doit faire ou ne pas faire. La Balance devra faire des surprises au Scorpion si elle veut entretenir sa passion, se transformer pour quelques heures en une autre personne. Le Scorpion ne supporte pas l'ennui, la routine lui pèse, même s'il est signe fixe. Sa fixité tient surtout à ce qu'il s'accroche à certaines idées, mais pas à toutes et n'en démord pas; il aime bien que le lendemain ne soit pas tout à fait comme la veille. Il devra s'efforcer de ne pas «tomber» sur la Balance quand il est dans ses jours sombres qui frôlent l'angoisse, et surtout qu'il ne l'accuse pas de ses peurs. Il débalancerait les plateaux qui ont bien du mal à se réajuster et c'est lui qui y perdrait en tendresse.

La Balance étant un signe d'air, elle peut fort bien s'évader dans son imagination, même si elle est pleine de raison! Et peut-être pourrait-elle se demander quelle raison elle a d'aimer une personne aussi sombre? Ils devront mutuellement, et à tour de rôle, se faire plaisir pour entretenir l'amour. Se faire des cadeaux, par exemple, pour se surprendre et s'émouvoir mutuellement. L'amour ça s'entretient, et pas besoin d'une rivière de diamants ou d'une voiture de luxe... il suffit d'un tout petit quelque chose pour se souvenir qu'on s'est aimés au début... et pourquoi ne pas continuer!

 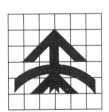

UNE BALANCE ET UN SAGITTAIRE

Voilà une belle paire! Ils se font du charme et ils ne tardent pas à tomber l'un et l'autre dans le panneau de l'amour, en plus de découvrir que c'est magique, facile, possible, renouvelable, intéressant... La Balance est tout d'abord une personne qui hésite, elle balance. Le Sagittaire, un signe de feu en état d'exaltation, est audacieux, et la Balance, devant ce monde qui s'ouvre et qu'on peut découvrir, hésite moins longtemps qu'avec d'autres signes! Le Sagittaire, quand il fait une promesse à une Balance, plus que pour tout autre signe, il la tiendra! Signe double, il est capable de prendre la fuite... La Balance est un signe d'air... l'air s'échappe, aussi le Sagittaire, s'il ressent que la Balance peut lui échapper, déploie un zèle incroyable pour la retenir. La Balance charme le Sagittaire et ce dernier adore être charmé. Un Sagittaire s'attarde rarement aux détails qui fabriquent le quotidien; face à lui, la Balance s'en occupe.

Elle fait tout son possible pour s'occuper des petites choses pendant que le Sagittaire règle les grosses. Voilà qui permet aux choses de s'ajuster parfaitement ensemble. La Balance, de par son signe d'air, souffle sur le signe de feu du Sagittaire et fait monter la flamme et celui-ci est alors prêt à conquérir le vaste monde, pour son plaisir et aussi pour ravir la Balance. Ils sont faits pour s'entendre moralement: tous les deux aiment la vérité, la Balance par souci de justice et le Sagittaire parce qu'il n'aime pas cacher quoi que ce soit.

Socialement, ils font un beau couple. La Balance aime charmer les gens et le Sagittaire, les impressionner! Pour ne jamais être déçue, la Balance ne lui donnera pas d'ordre, il n'obéit pas, de toute façon. Pour garder la Balance, le Sagittaire devra garder de son temps juste pour elle, en tête à tête, et lui répéter dans l'intimité les mêmes mots qu'il lui disait au début de leur fréquentation!

 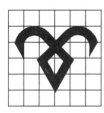

UNE BALANCE ET UN CAPRICORNE

Au début ça va toujours, c'est comme ça pour à peu près tout le monde! Le temps est leur ennemi, il risque de leur créer des problèmes! Tant que dure la fréquentation, on n'a pas encore vu tous les petits défauts de l'un et de l'autre, mais voilà que le temps fait ses ravages. Ce sont deux signes cardinaux, donc de chef, de commandement. Chacun décide de tout, à sa façon! La Balance donne des ordres avec le sourire et le Capricorne, avec un grand sérieux! La Balance peut se sentir souvent blessée par l'attitude réservée du Capricorne, croire qu'elle ne fait pas assez et que c'est pour ça que le Capricorne est distant. Elle déploie alors tout son zèle et toute son énergie à faire plaisir au Capricorne. Comme celui-ci est sérieux, il prendra pour de la fantaisie et du caprice les attentions et les douceurs de l'autre et croira même qu'elle veut le manipuler! Ils n'ont pas tout à fait le même langage. Il est difficile de maintenir cette union d'une manière heureuse.

Le Capricorne est un signe de terre, donc il s'attache et reste longtemps à la même place, avec la même personne. Il prend racine. La Balance est le symbole du couple; aussi, quand elle se marie, elle désire le rester et tout faire pour maintenir l'union et elle trouvera toutes sortes d'excuses, même si ça va mal, pour préserver le couple. Il arrive que la Balance passe pour une personne superficielle aux yeux du Capricorne. Elle cherche dans le quotidien à tout harmoniser et le Capricorne peut prendre cela pour de la légèreté ou du romantisme. Lui, de son côté, s'occupe d'assurer l'avenir et tient très peu compte des agréments de chaque jour qui rendent la vie plus agréable. Il faudra à chacun une bonne dose de tolérance et d'acceptation de leurs différences s'ils veulent vivre ensemble toute une vie. Ils devront ouvrir le dialogue chacun à son tour.

La Balance aura tendance à prendre les devants et à orienter la conversation dans le sens où elle l'entend. Elle devra cependant éviter le piège: le Capricorne se retirerait alors plus profondément dans un monologue intérieur et finirait par ne plus porter attention aux paroles de la Balance. Le Capricorne devra accepter de sortir plus souvent et de prendre plaisir aux fantaisies de la Balance, à son goût d'être parmi les gens. En faisant un effort de participation, il y prendra goût!

 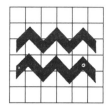

UNE BALANCE ET UN VERSEAU

Ils ont tous les deux un grand sens social! Ils aiment le monde, la compagnie, l'originalité, la fantaisie et, ensemble, ils stimulent leur créativité. Le Verseau est un signe fixe, mais il est le moins fixe de tous les signes fixes. La Balance symbolise Vénus, le mariage, l'union, l'amour, l'harmonie entre deux êtres, et c'est son plus cher désir. Le Verseau, régi par Uranus, planète de l'espace, de l'originalité, de l'innovation, mais aussi du divorce, a beaucoup de mal, du moins durant sa jeunesse, à vivre une union fixe. Ça lui donne la sensation qu'il y perd sa liberté alors que, tout au contraire, l'union donne de la force à la Balance!

Le Verseau n'est pas un signe de fidélité par excellence, mais l'exception fait la règle. Il symbolise la permissivité sexuelle. La Balance, tout au contraire, maintient qu'il faut rester fidèle pour que l'union se prolonge. Le Verseau est un être cyclique. Avec lui, il ne faut signer que pour quatre ans à la fois. Ensuite, si tout va bien, on renouvelle le contrat! Quand il a une idée dans la tête, il agit le plus rapidement possible. La Balance, personne hésitante, admire ce trait et le Verseau se sent flatté de tant de considérations. Il symbolise l'humanisme mais, dans son désir humanitaire, il lui arrive d'oublier la personne qui vit à ses côtés. La Balance pourrait se sentir délaissée, à moins qu'elle ne soit, de son côté, très occupée à autre chose. Personne n'est plus efficace qu'une Balance pour adoucir le coeur du Verseau, ce grand raisonneur, ce logique qui se cache souvent à lui-même ses plus profonds sentiments et attachements. Il n'y a rien de mieux que le plaidoyer d'une Balance pour lui faire avouer la vérité et lui faire dire «je t'aime»!

La Balance est un signe cardinal, donc de chef, qui donne des ordres. Le Verseau est un signe fixe, qui n'en prend pas et, dans son cas, qui ne les entend même pas, trop occupé qu'il

BALANCE ET LES AUTRES SIGNES

est à bâtir le monde, son entreprise, et à rencontrer les gens. Les grandes carrières c'est pour lui. Sa vie intime passe souvent en dernier. Il ne s'en préoccupe souvent que lorsqu'il se rend compte que ça lui échappe! Si le Verseau a blessé la Balance, il devra réparer. Celle-ci, dans son amour, est capable de se taire long-temps afin de maintenir l'union, mais le jour où elle jugera qu'elle n'en peut plus, sa tornade pourrait ébranler le Verseau, mais comme il est le signe de la foudre, il est capable de rebondir dans un éclair, de tout analyser, de tout comprendre et de se faire par-donner!

La Balance fera tout ce qu'elle peut pour faire plaisir au Ver-seau, mais ce signe fixe ne devra jamais la tenir pour acquise et apprendre à dire merci. Quand il a une vérité à dire, concer-nant un comportement qu'il n'aime pas vraiment chez la Balance, il doit le faire avec douceur, éviter les blessures qui meurtrissent le coeur de la Balance. Si celle-ci accepte les fantaisies du Ver-seau et ne se trouble pas devant l'irrégularité de sa conduite ou son manque de présence, et si le Verseau se plie de temps à autre à la demande romantique de la Balance, ils pourront alors entretenir une longue relation qui peut durer, durer, durer... et plus le temps passe plus ils s'attacheront.

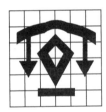 

UNE BALANCE ET UN POISSONS

Une union un peu étrange, qui sort de l'ordinaire. La Balance, signe de Vénus, de l'union, vie de couple, signe cardinal, donc de commandement: le Poissons, symbole de Neptune, de l'infini et de l'indéfinissable! Au départ vous aurez l'impression que c'est la Balance qui mène tout. Ce n'est qu'une apparence. Bien sûr, elle s'occupe de tous les accommodements extérieurs et orga-nise même la vie du Poissons dans sa forme, si elle le peut et si le Poissons y consent. Rien n'est plus difficile que de «gérer» un Poissons. Surtout, que la Balance ne s'avise pas de le bousculer, de lui donner des ordres ou de vouloir discuter de choses qui ne l'intéressent pas. Le Poissons s'en irait avant même que la Balance ait pu réagir et, de plus, il ne laisserait pas d'adresse. Son symbole est l'infini!

Le Poissons se laissera impressionner au début par l'énergie de la Balance; il croira avoir trouvé quelqu'un qui l'aidera à agir. Effectivement, la Balance le stimulera à l'action. Cependant, elle émet une vibration beaucoup plus ambitieuse, calculatrice et matérialiste que le Poissons qui, de son côté, peut se lasser de vivre dans ce climat organisé. Le Poissons aime rêver et la Balance, dans son signe cardinal, fait de ses rêves une réalité. Un Poissons bousculé peut devenir un requin, un monstre marin, une anguille qui se faufile rapidement et qui vous échappe. Même si la Balance symbolise Vénus, l'amour, comparativement au Poissons, sa forme d'amour est limitée et bien naïve. Vie de couple qui aura tendance à se replier sur elle-même. Pour le Poissons, une vie de couple n'est qu'un moyen d'ouvrir son horizon intérieur, de mieux rêver! Il n'est pas un être organisé et il ne supporte pas l'ennui, la routine.

Il aime être épaté, ébloui, distrait. La Balance peut le faire rire durant un certain temps, le surprendre, mais elle n'a pas que ça à faire! Il lui faut agir et obtenir un résultat concret dans la vie. Pour le Poissons, le seul véritable résultat est son bonheur, son bien-être qui n'a pas besoin d'artifices: vivre, aimer et laisser vivre. Il n'a nulle intention de diriger le monde, il a bien assez de mal à se diriger lui-même! Tous les deux ont une perception de la vie totalement différente. L'air de la Balance est en haut et l'eau du Poissons est en bas! Les remous ne manqueront pas quand l'air se mettra en mouvement pour agiter l'eau. Ce ne sera toujours qu'en surface. Au fond de lui, le Poissons fait bien ce qu'il veut et personne ne peut lui imposer quoi que ce soit, et quand une Balance essaie, elle court le risque qu'un jour le Poissons, attiré par un courant chaud, s'y engage.

La Balance et ses ascendants

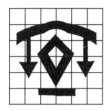 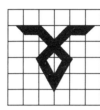

BALANCE ASCENDANT BÉLIER

Double signe cardinal, un de feu et l'autre d'air. Il s'agit aussi de signes opposés qu'on nomme également complémentaires. La Balance est une personne prudente, le Bélier est pressé! Comment vit-on cela ensemble? La Balance veut donner, et le Bélier veut sa part du gâteau... avec beaucoup de sucre. Tantôt vous avez devant vous une Balance harmonieuse, patiente, qui se croit capable d'attendre; voilà qu'un mouvement de Lune dans le ciel vient la bousculer, les plateaux oscillent dans tous les sens, Mars du Bélier y a mis le feu, on ne reconnaît plus cette Balance! C'est une tempête, un ouragan, un incendie!

Cette nature est méfiante et ne se rend pas compte à quel point elle l'est. Comme tous les signes qui s'opposent sur la roue du zodiaque, cette Balance est prête à tout donner à la personne qu'elle aime, elle donne et, surprise, la personne prend tout et il ne lui reste rien!

Elle a bonne mémoire, dame Balance! Pourtant, c'est de l'amour que dépend son destin, et c'est compliqué. Les unions sont décidées rapidement: aussitôt dit, aussitôt fait. Ce natif a terriblement besoin de se sentir aimé et d'aimer l'autre parfois plus que lui-même. Oui, il est presque capable d'une telle abnégation, ça ne se verra pas en public, la Balance a sa fierté!

Voici que nous sommes en face d'un double signe cardinal, signe d'action et de compétition. C'est ce qui se passe souvent dans le ménage: une lutte de couple. Qui aura le dessus sur l'autre? Qui fera marcher l'autre? Qui fera le premier pas? C'est l'erreur que commet inconsciemment et involontairement cette Balance, poussée par la pression de Mars et de son ascendant Bélier. Mais une Balance qui s'en rend compte est capable de rectifier. Rien n'est plus important pour elle que d'atteindre la paix et l'harmonie; elle adore la vie en société, elle aime bien une vie amoureuse dans le calme, pour se récréer, réfléchir pour mieux agir.

Au travail, cette personne peut être extrêmement sévère, exigeante, bourreau, meneuse d'esclaves. Si elle n'est pas le patron, elle fait exécuter les ordres du patron avec toute l'autorité qu'on lui délègue, et même plus!

D'ailleurs, sa deuxième maison, dans le signe du Taureau, position idéale, lui fait aimer l'argent, non pas pour l'argent mais pour ce qu'il procure, le bien-être matériel, la sécurité du moment présent autant que celle de l'avenir. Elle sait économiser, même si elle sait également très bien dépenser. Elle aime les beaux vêtements, les bons restaurants, le luxe. Soyez certain que si cette personne a considérablement dépensé d'argent, du moins c'est ce que vous avez pu constater, elle en a en réserve. Son bas de laine lui permettra toujours de subvenir à ses besoins quand la «bise» viendra. C'est une fourmi au travail; elle n'a rien d'une cigale, bien qu'elle puisse chanter à ses heures... au nom de la victoire qu'elle remporte! Croyez-moi, la moindre défaite la renverse, mais jamais pour longtemps! Cette Balance sait investir. Le monde de l'immeuble peut l'aider à remplir ses caisses, la possession de terrains lui va comme un gant, autant quand il s'agit d'en faire l'achat ou la vente.

BALANCE ET SES ASCENDANTS

Sa troisième maison, dans le signe du Gémeaux, encore une fois position idéale pour la troisième maison, également le neuvième signe de la Balance, signifie que la parole est franche; elle veut la vérité, rien que la vérité. Il faut que ça rapporte. L'esprit matérialiste étant très présent sous ce signe, quoi de plus légal que de surveiller ses intérêts? Quand ce natif défend ou combat une idée, il ne donne pas sa place. Il sait défendre ses droits, il n'a pas la langue dans sa poche. C'est ce genre d'individu qu'il nous faut pour défendre nos droits. Naturellement, à condition qu'il y croie profondément. Et ajoutons une nuance: cela doit lui permettre de remplir ses poches, ce qui est bien légitime. La richesse est préférable à la pauvreté, tout le monde est d'accord; la preuve c'est que nous sommes nombreux à prendre des billets de loterie dans l'espoir de gagner le gros lot, de devenir riches. Seulement, il faut éviter de vivre dans le rêve et ne compter que sur ça!

La Balance ne le fera jamais, elle est trop consciente qu'il faut y mettre talent et effort conjugués pour réussir une entreprise. Elle a le sens de l'innovation, de l'originalité, elle sait se faire remarquer, elle a le mot qui veut dire: je suis intelligente, je sais ce que je veux, je sais également le demander, il vous suffit de me remarquer et de constater mes compétences! L'humilité comme telle n'est pas son fort, elle ne se surestime pas, mais elle se donne une juste valeur, pas plus, et surtout pas moins! Les complexes, elle les combat et, encore une fois, elle a raison. Elle croit que chacun a sa place et qu'il y a une place pour chacun. Naturellement, elle préfère en avoir plus! Se mettre devant. En peu de mots: elle a le sens du vedettariat, qui lui sied très bien d'ailleurs.

Sa quatrième maison, dans le signe du Cancer, est en aspect négatif avec celui de la Balance. Quatrième maison, symbole du foyer, ce natif, bien que dévoué à sa famille quand il en a une, n'y passera pas tout son temps et, de plus, il a le vif désir de s'élever au-dessus de sa condition de naissance. Il n'est pas rare de le voir se séparer très tôt de ses parents, de sa famille, pour faire sa vie, celle qu'il choisit avec conviction, surtout si le foyer entre en contradiction avec ses convictions.

Sa cinquième maison, dans le signe du Lion, lui fait aimer les enfants, lui donne le respect de la vie. Au départ, cette Balance est une grande idéaliste! L'idéal de la vie étant la vie elle-même, et la vie étant dans l'action, alors quel que soit le domaine dans lequel elle opère, elle sera active et se donnera entièrement à ce qu'elle croit. Ce peut aussi bien être un idéal artistique que familial, les deux étant tout aussi respectables l'un que l'autre. Élever des enfants, c'est noble; être artiste, c'est noble. Il n'y a pas de sots métiers. En fait, il y a de sottes gens qui croient que les uns valent mieux que les autres parce qu'ils ont des titres, parfois ronflants. Notre Balance-Bélier reconnaît l'importance de tout ce qui vit, de ce qui agit en vue d'une action évolutive.

Sa sixième maison, dans le signe de la Vierge, la rend naturellement travailleuse. Il arrivera souvent qu'elle se choisisse un métier de défi qui peut susciter quelques épreuves, la Vierge étant le douzième signe de la Balance, donc un signe qui symbolise les épreuves. La santé pourra être menacée si le natif ne se surveille pas et s'il ne respecte pas les règles de la bonne alimentation: un esprit sain dans un corps sain! Il lui arrive d'oublier d'observer cette loi naturelle.

Son Soleil se trouve donc en septième maison, ce qui indique, encore une fois, que ce natif peut avoir des faiblesses organiques, selon les aspects de Vénus et de son Soleil dans sa carte natale. Cette position favorise les unions, les mariages, les divorces également! Mais, notre natif, s'il survient une séparation, ne restera pas seul longtemps. Il est en demande. Il a pu, au cours d'une première union, se comporter à la manière d'un directeur de compagnie, désirant que tout soit parfait, que les horaires de la vie de couple et de famille soient respectés, que tout le monde joue son rôle. Enfin, imaginez un peu un mariage où on trouverait les mêmes règlements qu'à l'armée! Les subalternes risquent de se révolter contre le patron! La vie de famille devant être souple, compréhensive, encourageante, tolérante même envers les divergences d'opinion, notre Balance-Bélier a toujours raison jusqu'au jour où on lui annonce qu'on lui enlève son pouvoir de dictature. Il faut remarquer que la dictature d'une Balance-Bélier se fait avec le sourire, qui, malgré tout, peut être rejetée!

Sa huitième maison, dans le signe du Scorpion, deuxième signe de la Balance, signifie l'argent, la mort. L'argent par héritage est donc possible. Ce natif pourra, à un certain moment de sa vie, s'opposer à tout ce qui est en dehors de la logique et placer le monde de l'invisible au rang des fantaisies. Arrive l'épisode de sa vie qui lui prouve alors que l'intuition fait partie intégrante de l'individu, naturellement il l'analyse, l'expérimente à sa manière, et découvre qu'il faut en prendre note et sérieusement! Il pourra même découvrir que l'astrologie, bien que ne relevant pas uniquement des mathématiques, a ses bases de vérités. Et voilà que notre natif s'y intéresse à divers degrés et commence à rejeter l'idée que seule la logique a force de loi!

Sa neuvième maison, dans le signe du Sagittaire, troisième signe de la Balance, lui permet de s'élever au-dessus de son milieu et de fréquenter ceux qui, par exemple, ont un pouvoir d'argent ou tout autre pouvoir qui lui permet de s'intégrer et de faire un pas de plus dans la direction qui l'intéresse. La Balance-Bélier s'adapte rapidement à toutes les situations. Ce natif fait un excellent professeur quand, naturellement, il croit à ce qu'il enseigne. Il est assez difficile de déterminer la nature exacte de son travail sans sa carte natale. Multi-disciplinaire, il s'intéresse à tout. Ses racines sont importantes et influencent grandement l'orientation de sa vie. S'il a reçu des encouragements, il ira très loin, il se fera remarquer, se taillera une place de choix. Si on ne l'a pas encouragé à poursuivre, ce sera plus difficile de choisir mais, chose certaine, il dépassera les attentes de ceux qui l'entourent.

Sa dixième maison, dans le signe du Capricorne, peut provoquer une sorte de rébellion contre le père et, encore une fois, cette position marque l'indépendance du natif face à son milieu de naissance. Il veut être plus que ce qu'on lui a donné et il peut même entrer en compétition directement ou indirectement avec son père.

Sa onzième maison, dans le signe du Verseau, faisant un aspect positif à son Soleil en Balance, lui attire des amis de tous les milieux. Il réussira à passer là où d'autres attendent depuis longtemps, grâce souvent à ses relations qu'il sait si bien entretenir.

Sa douzième maison, dans le signe du Poissons, la sixième de la Balance, lui donne envie de vouloir sauver l'humanité, ce natif étant très conscient des problèmes que connaît la nature humaine. Mais s'il ne surveille pas sa santé, il pourra souffrir de mille petits maux, parfois plus ou moins importants, qui ralentiront sa production. Avec de mauvais aspects de Neptune, il peut tomber dans des extrêmes, et il est à souhaiter qu'il ne touche pas à la drogue, à l'alcool ou à tout ce qui fait partie du monde des illusions. Mais même s'il vivait cette expérience, il réussirait à s'en sortir et cela pourrait même faire de lui un grand militant... contre tout ce qui détruit l'humanité!

BALANCE ET SES ASCENDANTS

La sagesse lui vient avec les expériences de la vie qu'il mène. Il retient les leçons et ne fait jamais deux fois la même erreur. La Balance étant un signe bien pensant, la logique, le coeur et les émotions sont très présents avec l'ascendant Bélier. Il finit par atteindre son équilibre: bien vivre, selon son idéal, dans la paix, l'harmonie, le tout arrosé d'une passion tantôt exprimée tantôt silencieuse, mais toujours brûlante au fond de lui.

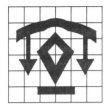  **BALANCE ASCENDANT TAUREAU**

Je vous présente un jouisseur! Une très jolie personne, qui aime rire, manger, boire et prendre tous les plaisirs que la vie veut bien lui offrir, et la vie, sans le faire exprès, en place beaucoup et souvent sur sa route, juste pour voir si cette Balance-Taureau ne va pas exagérer! Une épreuve par le plaisir! Elle est bien bonne celle-là!

Ce natif a besoin d'amour. Sans amour, il a l'impression de ne pas valoir plus cher qu'un radis! Son besoin d'amour est impérieux!

Ces deux signes sont régis par Vénus, planète de l'amour romantique et de l'amour charnel, des arts, des contrats. Nous avons une personne qui ferait mieux de s'orienter très tôt vers l'art ou le commerce immobilier. Dans les deux cas la personne saura faire de l'argent! Deux signes de Vénus l'un devant et l'autre à l'ascendant, cela peut faire un excellent avocat, qui deviendra riche certainement! La Balance ne peut s'entourer que du beau et le beau il faut le payer!

En général, ce signe attire à lui la richesse, ou les gens riches qui lui permettront d'accéder à un moyen de le devenir. Bien que cette personne ne puisse vivre sans amour, elle ne néglige absolument pas ses intérêts financiers. Je dirais même qu'elle sait très bien s'en occuper et prospérer. L'inverse est très rare, à moins que cette Balance ait voulu de l'argent très vite, ait commis un vol de banque, et se retrouve en prison à se demander comment elle fera bien pour être riche en sortant de là! Mais les Balances en prison sont plutôt rares, on les retrouve plûtot comme avocats. Signes d'air, ils se sentent mieux à l'air libre!

La Balance est un signe cardinal, signe qui veut que tout soit fait tout de suite malgré l'oscillation des plateaux. Bien sûr que tout peut être fait tout de suite, si on le fait faire par les autres! Taureau, signe fixe, endurance, ténacité, signe de terre, signe réaliste, il a besoin de la sécurité financière pour bien réaliser sa vie et rendre heureux ceux qui l'entourent! Il fait des cadeaux!

Par contre, un déséquilibre peut se produire sous ce signe. La raison et les sentiments se battent, se heurtent: qui doit l'emporter, est-il plus important de vivre de raison que d'amour? On ne peut vivre d'eau fraîche et de rêves, le Taureau le sait et la Balance en est persuadée! Le plus souvent la raison gagne. Mais personne ne peut vivre sans s'émouvoir, surtout pas une Balance-Taureau, et un jour, se rendant compte qu'elle vit dans un monde superficiel, elle se paie une dépression, une maladie qui se répand maintenant un peu partout dans la population! Quelle horreur! Quel gâchis! Il serait si simple de vivre de sentiments, puisque, de toute manière quand on fait confiance à la vie, elle nous donne tout ce que nous voulons!

Sa deuxième maison, dans le signe du Gémeaux, neuvième signe à partir de la Balance, symbolise la chance financière! Le natif a souvent deux sources de revenus et il n'est pas rare de le voir investir dans des produits étrangers qui lui rapportent beaucoup plus qu'il ne l'espérait au début. Il sera attiré par la politique, il pourra également faire quelques investissements de ce côté, de façon à assurer sa participation et les fruits qu'il pourrait en retirer. Cette deuxième maison étant dans un signe de Mercure, il est alors possible qu'il gagne de l'argent par la parole, les écrits; il fait un excellent vendeur d'idées et il réussit généralement à vous persuader qu'il a raison et que vous devez lui faire confiance. Certains peuvent même jouer avec vos sentiments, ce qui leur rapporte bien. Ce double signe de Vénus est bien gourmand quand il s'agit d'argent. Si, à tout hasard, il s'adonnait un jour ou l'autre à quelques malhonnêtetés, il lui faudra payer de retour. Quand on crache en l'air, vous savez ce qui arrive.

Sa troisième maison, dans le signe du Cancer, donne à son vocabulaire une teinte sensible, passionnée également, quand il doit l'être. Perceptif, il connaît bien son client et, au premier regard, il sait à qui il a affaire. Son sens de l'observation est puissant. Comme le Cancer est en aspect négatif avec la Balance, cela signifie que si le natif se retrouvait dans une situation susceptible de lui coûter de l'argent, il serait capable de mentir. Il déteste perdre... Disons que c'est l'exception à la règle, ma nature positive préfère croire qu'il n'y a que des gens bien sur la planète. Cela m'attriste de constater qu'il existe pourtant des tricheurs Balance-Taureau, j'en ai rencontré. Naturellement, je garde le secret professionnel!

Sa quatrième maison, dans le signe du Lion, lui fait désirer une habitation riche et pour l'avoir il faut travailler, et il est prêt à faire des sacrifices. Il tient à démontrer qu'il a réussi, d'où qu'il vienne, quoi qu'il fasse, et souvent il vous en fera la preuve en vous invitant dans sa maison ou son appartement, et vous y découvrirez son bon goût et le luxe qu'il peut s'offrir. Manière de dire qu'il réussit bien!

Sa cinquième maison, celle de l'amour, dans le signe de la Vierge, le rend très prudent dans les questions sentimentales. Il peut même être tiède. On ne peut non plus être tout à fait certain de sa fidélité, cette cinquième maison étant dans un signe double! Si la tentation est trop forte, il aura alors une bonne excuse pour y succomber! Cette position, qui parle également de ses enfants, l'incite à les orienter de façon pratique dans la vie. Il les invitera donc, d'une manière parfois détournée, à choisir un métier, une profession qui rapporte. Il pourrait aussi oublier de respecter leurs véritables goûts, persuadé qu'il est de détenir la meilleure solution et qu'il faut l'écouter. Cette position peut indiquer que l'un de ses enfants peut être sérieusement malade, la maladie étant indiquée par les aspects de Mercure et du Soleil dans sa carte natale.

Cette cinquième maison étant également la douzième du signe de la Balance, donc un signe aussi d'épreuves, indique une fois de plus que le natif pourra avoir quelques problèmes avec ses enfants. Si des aspects de stérilité apparaissaient dans sa carte natale, il y aurait possibilité que le natif lui-même ressente un grand malaise du fait qu'il n'a pas d'enfant, qu'il se sente pénalisé, ce qui peut susciter une dépression ou du moins une certaine confusion mentale. Certains de ces natifs peuvent refuser d'avoir des enfants, ou en avoir et les négliger pour différentes raisons, parfois aussi parce que le natif ne se sent pas assez aimé lui-même.

Son Soleil se retrouve donc en sixième maison. Sixième, symbole de travail, symbole de la Vierge, signe double ou mutable, et le Soleil étant en Balance, signe cardinal, deux plateaux, donc le natif peut faire ce qui lui plaît. L'intelligence est puissante, le sens de l'analyse est poussé ainsi que le souci du détail, du travail bien fait. Il peut se dévouer à une cause ou se retrouver dans des emplois où il gravit lentement mais sûrement les échelons, jusqu'à occuper un poste de directeur. Ce natif a le sens de l'entreprise. S'il met sur pied un commerce, il a toutes les chances du monde de le voir progresser. Il ne calcule pas son temps. Il peut même mettre ses sentiments et l'amour de côté pour se consacrer quasi uniquement à son travail. Et s'il est marié, il risque, à cause de cette passion pour le travail, de voir son ménage se détruire sans qu'il puisse même s'y opposer... Position qui favorise le commerce ayant un rapport avec l'alimentation, entre autres.

D'ailleurs, sa septième maison se retrouve dans le signe du Scorpion, maison du mariage dans le symbole de la destruction. Possibilité aussi qu'il y ait un autre mariage puisque le Scorpion, qui est aussi un signe de restructuration, de résurrection, se trouve le deuxième signe de la Balance, symbole d'argent dans la septième maison, symbole du conjoint! Le natif ayant été pendant longtemps attiré davantage par l'argent que par l'amour, il est normal qu'il vive l'amour intéressé! Mon père me disait quand j'étais petite: «Dis-moi ce que tu ressens profondément, et je te dirai qui tu attireras comme ami.» (Pour ma part, je puis me flatter d'avoir de bons amis; j'en ai peu, mais ils sont vrais de la racine des cheveux jusqu'au bout des orteils, du dedans comme du dehors!) Si notre natif ne pense qu'argent, propriété, biens, pouvoir, tout naturellement il attire ce genre de personnes, ceux qui en ont et aussi ceux qui en veulent!

Sa huitième maison est dans le signe du Sagittaire. Voilà une position qui le fera sérieusement réfléchir vers sa trente-cinquième année. Il pourra se permettre une remise en question de ce qu'il est, de ce qu'il vit, et peut-être même changer de philosophie ou modifier l'orientation de sa carrière. Tout dépend naturellement des aspects que l'on trouvera avec cette huitième maison. Il en aura certainement l'occasion, libre à lui d'en profiter ou non! Cette position symbolise également que le natif aura une mort douce, peut-être en pays étranger. Il se peut aussi que ce soit au cours d'un voyage qu'il se transforme et comprenne qu'il lui faut vivre différemment pour atteindre le bonheur et la sagesse. Cette position, en fait, le protège de la mort, le fortifie physiquement dans des moments critiques. S'il survient un grave accident, le natif s'en tirera. Dans un cas majeur, on criera miracle. Sa résistance face aux obstacles est très forte.

Sa neuvième maison, dans le signe du Capricorne, peut, dans la trentaine, lui faire désirer les voyages, le lointain. Il en devient si curieux qu'il ne peut résister à l'appel. Sédentaire le plus souvent dans la première partie de sa vie, voilà qu'il trouve le monde trop étroit, il part à la découverte de ce qui lui semblait caché. Encore une fois, cette position symbolise qu'il peut avoir un attrait pour la politique ou oeuvrer au sein d'une organisation où il occupera un poste important.

Sa dixième maison, dans le signe du Verseau, signifie des dénouements de carrière suprenants. Un jour, un inconnu parmi tant d'autres, et le lendemain le voilà en face d'un public en train de parler d'une chose sérieuse. Grand défenseur des droits des travailleurs, il n'aime pas qu'on lui marche sur les pieds. Balance, il désire la justice et la paix avant tout. Le but de sa vie est rarement d'être connu ou reconnu. Tant mieux si ça arrive, mais pour lui ce point n'est pas vraiment important, l'essentiel étant le bien-être, le confort, la justice et la sécurité.

Sa onzième maison, celle des amis dans le signe du Poissons, lui en attire de toutes les sortes. Il est souvent placé dans une situation où il doit apporter son aide et même du secours. Ce natif peut aussi, avec de bons aspects de Neptune, être attiré par la médecine. Il sera consciencieux, dévoué et recherché pour ses compétences. S'il choisissait cette profession, vous le verriez être le premier à proposer une recherche sur telle ou telle autre maladie; il veut aider son prochain!

Sa douzième maison, dans le signe du Bélier, est le symbole de son épreuve. Il arrive donc que ce natif attire un partenaire malade. Possibilité également qu'il soit sujet aux migraines, aux maux de tête répétés. Les reins peuvent également être faibles. Le natif devra donc surveiller continuellement ce qu'il mange et ce qu'il boit. Les épreuves, quand elles sont dans le signe du Bélier, sont le plus souvent de courte durée. Les aspects de Mars

BALANCE ET SES ASCENDANTS

et de Neptune dans sa carte natale les identifient. Il peut également avoir un cerveau qui fonctionne à cent à l'heure, ce qui lui laisse peu de temps pour récupérer! Il lui suffira alors de prendre du repos quand il en ressentira le besoin plutôt que de lutter contre la fatigue et dépasser les limites de sa résistance.

BALANCE ASCENDANT GÉMEAUX

Double signe d'air, double signe de raison, deux coups de vent aussi. L'esprit ne manque pas, il est rapide comme l'éclair! La nature est raffinée, comme l'artiste.

La personne est sociable, elle s'intéresse à tout le monde, fait parler tous et chacun... Elle semble compréhensive, ouverte, elle suit votre conversation sans vous quitter de l'oeil... Observez ses yeux, pendant que vous racontez quelque choses. Cette personne réfléchit sur elle-même et à toutes sortes de choses en même temps!

Il lui est bien facile d'être d'accord avec vous, elle n'a nullement envie d'engager la conversation: Balance, deux plateaux qui oscillent, et Gémeaux, signe double. Et si une personne disait exactement le contraire de ce qu'elle vient d'entendre, elle aurait la même attitude qui a l'air d'approuver puisqu'elle ne réprouve rien!

La nature de cette Balance est essentiellement sociable. Aussi vivre une vie privée entre quatre murs, avec ses enfants, son partenaire, c'est bien difficile, bien que cela ait toujours un avantage social. Et s'il y a avantage social, cette nature s'engage.

BALANCE ET SES ASCENDANTS

Cette native adore la conversation, sait répondre juste ce qu'il faut pour alimenter l'interlocuteur et lui permettre de s'exprimer. Elle peut y apprendre quelque chose qui lui servira un autre jour, avec une autre personne!

Finalement, vous ne savez que très peu de choses sur elle mais elle en sait beaucoup sur vous. Double signe d'air, insaisissable ramassis d'idées qui ont bien du mal à s'ajuster dans le concret.

Cette personne ne fait réellement un effort que lorsqu'il s'agit de sa carrière, d'avoir de l'avancement, de faire grossir son capital et ses intérêts. Elle ne s'intéresse pas à l'être humain lui-même mais à ce qu'il représente pour elle, à ce qu'il peut apporter pour la sauvegarde de sa sécurité matérielle et sociale.

Mais, la Balance n'arrive pas à trouver le bonheur dans cette voie. Elle le sait, elle en est consciente. Nous sommes ici au deuxième niveau de conscience sur la roue du zodiaque. La Balance ressent qu'on ne se découvre qu'à travers l'amour, que dans l'amour qu'on porte à une autre personne, que dans l'échange.

Pourquoi a-t-elle si peur de donner? Peur de tout perdre? Pourquoi? Elle se repose sans cesse cette question. Les plateaux oscilleront longtemps avant qu'elle trouve l'harmonie dont elle rêve tant!

Sa deuxième maison, dans le signe du Cancer, lui donne un esprit pratique. L'enfance est souvent à l'aise matériellement, mais le natif en souffre quand même. Il n'en a jamais assez, on ne lui en donne jamais assez pour ses besoins. La famille peut être d'un grand support financier malgré tout ce qu'il peut dire ou penser. Il arrive parfois qu'il gagne son argent grâce à une entreprise familiale. La mère du natif peut également être une personne économe, et beaucoup trop selon son point de vue.

Sa troisième maison, dans le signe du Lion, lui donne un esprit brillant. Non seulement il aime le faste, mais il pourrait même avoir ce qu'on nomme la folie des grandeurs. Ce natif a un talent artistique, qu'il l'ait ou non exploité. Le milieu du théâtre et du cinéma lui convient bien, il peut faire un excellent critique. Il se laisse tout de même impressionner par ce qui brille ou par les gens qui sont persuasifs. Ça ne veut pas dire que ce soit pour longtemps, mais il est possible qu'il se fasse exploiter à cause de sa naïveté. Il aime l'amour, il aime aussi en parler.

BALANCE ET SES ASCENDANTS

On croirait, à certains moments, qu'il peut vivre d'amour et d'eau fraîche, mais il ne faut pas s'y fier! Il est prêt à adopter de grands principes philosophiques, de grands principes d'amour humaniste, mais quand vient le moment de sacrifier du temps au profit d'une cause quelconque, il peut reculer. Il aura en tout cas une bonne raison à vous donner pour ne pas devoir consacrer tout son temps à un projet philanthropique! Il faut qu'il travaille, il a besoin d'argent et il «se» coûte cher.

Sa quatrième maison, dans le signe de la Vierge, peut avoir deux significations, selon les aspects qui s'y trouvent. Ou notre natif est ordonné au point d'en être maniaque, ou il est tout à fait désordonné! S'il aime bien être chez lui, c'est surtout pour dormir. Il aime sortir, rencontrer de nouvelles gens, explorer d'autres mondes, prendre connaissance d'une foule de choses qui ne lui sont pas nécessairement utiles, mais qu'il est agréable de savoir. Il a pu être élevé dans un milieu familial plutôt conventionnel contre lequel il a tendance à se révolter, et peut-être qu'un jour il fera la même chose sans même s'en rendre compte.

Son Soleil se trouve dans la cinquième maison. Il est amoureux! Il aime prendre la première place, se faire remarquer, mais d'une manière intelligente. Ce natif peut être très égocentrique, centré sur lui-même, sur ses besoins. Il plaît au premier abord, dès la première rencontre, mais il est possible que l'effet se dissipe au fur et à mesure que vous le connaissez. Il exagère. Son nombril, il le voit énorme. En public, personne ne s'en rend compte; dans la vie privée c'est plus difficile. En amour, il est passionné. Il ne faudrait surtout pas qu'on le blesse, car il n'oublie pas facilement. La Balance, malgré son beau sourire et ses belles paroles a beaucoup de mal à pardonner. Elle peut garder rancune pendant des années. Avec cette position solaire, le natif se complaît dans le monde des artistes. Il peut y faire une carrière en tant que comédien, cinéaste, technicien, ou dans un domaine qui touche le monde du spectacle. Il arrive aussi qu'avec cette position, la femme, plus particulièrement, décide d'abdiquer, de quitter le milieu artistique. Elle se marie et a des enfants! Vous aurez là la mère, celle qui aime ses enfants et qui peut aussi les surprotéger. Si les enfants ne sont pas suffisamment sur leurs gardes, ils risquent de devenir dépendants de maman! Elle sera du genre autoritaire! Ils seront toujours bien traités à condition qu'ils agissent selon les désirs et les vues de maman. (Voir mon livre de l'année 1986 pour plus de détails sur les effets de l'édu-

BALANCE ET SES ASCENDANTS

cation sur les enfants d'une Balance.) Maman Balance ne battra pas ses enfants, mais elle pourrait recourir au chantage, non évident mais subtil, pour les faire obéir! Il ne faut pas oublier que la Balance est un signe cardinal, symbole de commandement.

Sa Sixième maison se trouve alors dans le signe du Scorpion. Sixième maison, celle du travail, Scorpion, symbole de ce qui est enfoui! Cette position veut dire aussi qu'il faut relever un défi. Travail de nuit, travail difficile. Le natif peut choisir la médecine, le monde des microbes, par exemple. Le Scorpion, signe d'eau, peut aussi indiquer que le natif travaille comme serveur dans les bars, dans les restaurants également. On peut aussi trouver des détectives dans cette position, tout dépend des aspects dans cette maison. Le Scorpion étant aussi un signe d'énigme, de mort, de transformation, le natif peut se retrouver dans un monde de travail en perpétuel mouvement et changement.

Sa septième maison, celle du conjoint, dans le signe du Sagittaire, indique la possibilité de deux mariages. Le natif recherchera des partenaires qui ont des moyens financiers substantiels. Il les attirera d'ailleurs. Il sait se faire des amis et c'est souvent au milieu de ceux-ci qu'il rencontre l'âme soeur, du moins la première fois. Le natif sera fortement attiré par les étrangers, des gens qui ont beaucoup voyagé. En fait il aime bien que son partenaire ne lui colle pas aux talons, il aime être libre de ses mouvements et supporte mal qu'on lui demande où il va, ce qu'il fera et surtout combien il a dépensé.

Sa huitième maison, dans le signe du Capricorne, indique tout d'abord une longue vie. Puis que les grandes transformations de sa vie arrivent après la quarantaine. À ce moment, le natif peut s'impliquer sérieusement dans une oeuvre, un mouvement, un groupe, une organisation. Il devient définitivement sensible aux besoins de la masse, il devient conscient qu'il fait partie d'un monde auquel il doit apporter sa participation s'il veut qu'il progresse. Vers l'âge de vingt-sept ou vingt-neuf ans, une étape importante peut être franchie; les aspects de Saturne, de Mars, de Pluton et de son Soleil nous l'indiquent dans sa carte natale.

Sa neuvième maison, celle des voyages, est dans le signe du Verseau. Cette position signifie qu'il est vraiment difficile de retenir ce natif. Quand il a une idée en tête, il la met à exécution, que vous soyez ou non de son avis, s'il est persuadé qu'il est dans la bonne voie. Il a raison de suivre ses impulsions, elles le trompent rarement, et il faudrait qu'il ait de très mauvais aspects d'Uranus dans sa carte natale. Cette position indique que le natif peut être très chanceux dans les jeux de hasard, à la loterie, surtout entre trente-cinq et quarante-deux ans. À cette période de la vie le natif sera fortement attiré par tout ce qui vient d'ailleurs. L'espace pourra le fasciner. Cette position favorise encore une fois le monde du spectacle, et, avec de bons aspects, plus spécialement encore le cinéma. Le natif sera attiré par les appareils modernes, les ordinateurs et s'il s'agit d'une personne qui reste au foyer, elle sera fort bien équipée pour faire la cuisine! On sera bien nourri chez elle et elle se fera un plaisir de vous offrir une démonstration de son tout dernier gadget!

Sa dixième maison, dans le signe du Poissons, fait qu'elle nourrit un idéal très élevé. Les aspects de Saturne et de Neptune nous indiquent alors si elle atteindra son but, si elle devra faire quelques détours pour y parvenir. Encore une fois, avec de bons aspects dans cette maison, le natif peut réussir dans une carrière artistique. Il se peut qu'il mette du temps avant de se décider. Mais il le fera, foi de Balance. Ce natif peut aussi être très habile dans les placements à la Bourse, et même y amasser une petite fortune.

Sa onzième maison, celle des amis, dans le signe du Bélier, indique qu'il se lie facilement avec les gens. Cette position indique aussi qu'il est possible que le natif fasse la rencontre de la personne de sa vie dans son cercle d'amis. Il aime les coups de foudre, mais il doit s'en méfier. Très souvent les aventures sexuelles sont nombreuses chez ce natif. Il aime faire des conquêtes pour se prouver qu'il plaît! Il s'ensuit qu'il a bien du mal à rester fidèle, surtout si on l'a déjà trompé, ou qu'il se soit trompé dans un premier mariage! Il laissera passer le temps entre le premier et le deuxième mariage, se donnant le temps de bien choisir!

Sa douzième maison, celle de l'épreuve, se trouve dans le signe du Taureau, symbole de Vénus, symbole à la fois de l'amour et de l'argent. L'épreuve peut donc venir de là! Le natif peut très bien gagner sa vie, mais il n'en a jamais assez et cela a pu commencer bien jeune. L'amour est parfois difficile à vivre parce que l'autre n'est jamais tout à fait ce qu'il espère et, quand on pense à cela, souvent cet autre s'arrange pour lui prouver que, justement, il n'est pas ce qu'il espérait. Nos pensées deviennent souvent des réalités. Il suffit d'avoir peur, de craindre de perdre ceci, cela, et voilà que nos peurs ne sont pas vaines, le subconscient, pour nous donner raison, nous fait faire ce que nous avions pensé. Il nous place dans les situations difficiles auxquelles nous donnons foi. Nos cerveaux sont des ordinateurs parfaits. Si vous avez un ordinateur chez vous, donnez-lui l'ordre de sauvegarder votre texte, par exemple. Il obéit. Donnez-lui l'ordre de l'effacer, il le fait. Il en va de même avec le cerveau. Donnez-lui l'ordre de réussir en toute confiance et sans difficulté. Il le fera. C'est aussi simple. C'est le doute qui détruit et non pas la foi.

BALANCE
ASCENDANT
CANCER

Quelle sensibilité! À d'autres moments, quelle froideur! Ça dépend de la Lune!

Ce natif est rempli de bonne volonté. Double signe cardinal, de chef, de commandement, d'action. L'un est plus rapide... L'autre ralentit le premier. Devant qui sommes-nous? Devant quelqu'un qui ne sait trop à quoi il doit ressembler: à un chat qui ronronne ou à un tigre qui rugit et proclame sa liberté.

Il ne réussit à s'épanouir que dans un climat calme, paisible, harmonieux. Les disputes, les combats le blessent. Il ne sait se défendre quand il est jeune. En grandissant, il a appris à se protéger. Parfois il s'est aussi fabriqué une carapace. Étrange! Des plateaux de Balance enveloppés d'une carapace de crabe, vous ne trouvez pas l'image un peu bizarre? Mais notre Balance-Cancer se trouve elle-même, comment dirais-je? hors de l'ordinaire. C'est l'expression la plus simple pour exprimer cette nature!

La Balance ne vit pas sans s'unir, sans vivre avec de l'amour, un amour dans lequel la raison n'est pas absente. Ce qui n'est pas un tort, puisque c'est raisonnable! Le natif recherche un partenaire qui protégera ses intérêts, qui lui offrira une sécurité affec-

BALANCE ET SES ASCENDANTS

tive, matérielle si possible, et agréable, ou un partenaire qui occupe un poste de prestige.

Ce natif marcherait sur des piles et des piles de dollars qui lui appartiendraient et il ne se sentirait pas davantage en sécurité. Peut-être que là il aurait peur qu'on le vole, et il aurait peut-être raison. Mais s'il est riche, personne ne le saura vraiment; il ne tient pas tellement à ce que ça paraisse. Cela peut attirer les emprunteurs, et il est comme une fourmi, les cigales ne sont pas les bienvenues dans son compte en banque!

Le Cancer est un signe d'eau. L'eau s'infiltre partout, mais elle met du temps avant de s'évaporer dans l'air pour former un nuage de pluie qui retombera doucement. Certains nuages se remplissent aussi de grêle. Cette Balance éclate rarement, mais alors, tenez-vous bien, vous n'aurez jamais assisté à un drame-vérité aussi touchant!

Il vaut mieux que ça ne lui arrive pas trop souvent. Ce natif n'oublie pas, il pardonne difficilement à autrui et à lui-même les erreurs commises consciemment ou inconsciemment! Il se fait son propre juge et il ne se fait pas de cadeau. Il a souvent l'air triste... ce jour-là il s'est offert quelques heures d'emprisonnement, la pendaison, non pas ça! C'est dégoûtant, et les Balances aiment les choses propres!

Sa deuxième maison se trouve dans le signe du Lion, la maison de l'argent dans le symbole de l'or. Il n'est pas étonnant que ce natif soit attaché aux biens de la terre, non seulement à ceux qui assurent sa subsistance, mais également aux gros comptes en banque qui permettent de s'offrir la sécurité et les objets de luxe. Plutôt habile avec les chiffres, il sait fort bien comptabiliser. Vous devez bien payer ses services, il ne les donne pas d'ailleurs. Il s'accorde ce droit.

Sa troisième maison, celle qui représente l'intelligence, le raisonnement, se trouve dans le signe de la Vierge. La troisième étant un signe de Mercure, tout comme la Vierge, alors vous avez là une personne magnifiquement intelligente, avec une grande capacité de raisonnement, qui apprend rapidement ce qu'elle doit savoir pour prospérer. Ce natif a de plus une excellente mémoire, même celle des détails. Émotif, il l'est, mais il est aussi capable de stopper l'émotion quand la situation l'exige et de n'utiliser que sa raison pour traiter certaines affaires. On pourrait même le trouver dur dans ses négociations: il est le requérant. Étant du signe

56

de la Balance, les plateaux de la justice s'ajustent pour vous apporter un résultat tout à fait humain, sorti tout droit de la justice humaine. Il est parfois bien difficile de se battre contre le raisonnement d'une telle Balance. Elle a la faculté de s'ajuster instantanément à ce que vous lui dites. Elle est également capable d'apporter une objection à vos propos, objection tout à fait juste, piquée en plein centre, si elle sait qu'elle a raison. Alors vous perdrez une bataille face à la Balance-Cancer. Elle a l'air bien timide, comme ça, au départ, discrète même, mais vous n'arriverez à tromper ni son flair ni sa logique.

Son Soleil se trouve en quatrième maison, ce qui lui fait rechercher la stabilité au sein de sociétés organisées la plupart du temps. Ce natif est habile en tout ce qui a trait à une organisation limitée, en ce sens qu'il connaît parfaitement ses capacités et ne s'acharne pas à les dépasser. Cette position solaire fait d'excellents comptables ou des gens qui peuvent compiler. La mémoire est quasi phénoménale. Le natif engagé dans un domaine quelconque se souviendra de tout depuis le moment de son arrivée. Il n'est pas du genre à changer souvent d'emploi, à moins que les événements l'y forcent. Son Soleil qui se trouve en quatrième maison le fait se comporter parfois comme le prudent Cancer, de même qu'il peut avoir des peurs tout à fait déraisonnables! Vous aurez même peine à le croire tellement il paraît non seulement organisé mais fort. Il a lui aussi ses périodes de tensions où il est bien difficile de l'approcher. Il fuit comme un crabe, se cache. C'est pour réfléchir et mieux vous surprendre ensuite. Sous ce signe, en tant que parent le natif peut devenir surprotecteur pour sa progéniture, et à la moindre alerte qui vient de l'un de ses enfants, le voilà qui s'énerve, prêt à remuer ciel et terre. Il est souvent autoritaire en tant que père ou mère. S'il s'agit d'une native, elle sera grandement attachée à ses enfants, mais en même temps subsistera continuellement en elle le goût d'une implication sociale plus grande. De là un déchirement peut survenir, une sorte de crise que la native cherchera à étouffer jusqu'au jour où en fait elle sentira que les oiseaux peuvent voler de leurs propres ailes. Et à son tour elle prendra un nouvel envol social.

Ces natifs Balance-Cancer sont toujours plus acharnés que ne le laissent paraître leurs objectifs. L'attrait pour les arts n'est pas rare sous ce signe et cet ascendant. Le goût d'être populaire peut pousser ces natifs au théâtre ou dans des domaines

BALANCE ET SES ASCENDANTS

où ils seront directement ou indirectement en contact avec le public.

Sa cinquième maison, dans le signe du Scorpion, signifie que les amours ne sont pas vraiment faciles à vivre. Il arrive au natif, surtout dans sa jeunesse, de s'attacher à des personnes qui seront même susceptibles de le détruire, du moins en partie, ou de démolir ses rêves. Cette position n'est guère favorable à la conception pour les femmes. Elles peuvent avoir des difficultés lors des accouchements ou durant la grossesse. Il arrive aussi que certaines femmes de ce signe ne désirent pas d'enfants, mais il y aura toujours ambivalence de ce côté. Si la native n'en a pas, elle regrette un jour d'avoir refusé. Si elle a des enfants, elle remet sans cesse en question sa vie sociale et a du mal à vivre deux rôles à la fois.

Sa sixième maison, dans le signe du Sagittaire, est la maison du travail dans un signe jupitérien. Plusieurs possibilités de travail s'offrent ici. Les aspects de Mercure et de Jupiter dans la carte natale déterminent plus précisément ce pour quoi le natif est fait. Il peut être attiré par un travail dans le domaine comptable et travailler même pour un organisme gouvernemental. Jupiter représentant également le monde de l'enseignement, le natif peut être doué dans ce domaine. Jupiter étant aussi un guide, un monde en expansion, le natif peut se retrouver dans un travail qui est en mouvement, en progrès continuels. Cette sixième maison, dans le Sagittaire, invite le natif à surveiller son alimentation. Il pourrait aimer la nourriture riche susceptible de nuire à son foie. Cette position favorise l'embonpoint s'il ne se contrôle pas. La Balance, qui veut continuellement bien paraître, doit, avec cet ascendant Cancer, faire attention aux excès de table qui pourraient la «gratifier» d'une ligne disgracieuse!

Sa septième maison dans le signe du Capricorne, symbole du conjoint dans un signe saturnien, symbolise le froid! Il arrive donc que ce natif se choisisse un partenaire plus âgé, ou quelqu'un qui livrerait plutôt rarement ses émotions. Cette position favorise les mariages tardifs avec des personnes haut placées! Le Capricorne, cette septième maison, étant en aspect négatif avec le signe de la Balance, peut occasionner un divorce s'il y a eu mariage au sortir de l'adolescence. Ce natif recherche en fait un partenaire protecteur qui puisse le rassurer quand il a ses peurs «déraisonnables»!

BALANCE ET SES ASCENDANTS

Sa huitième maison, celle des transformations, dans le signe du Verseau, crée parfois chez ce natif une sexualité confuse. Il veut et ne veut pas en même temps! Parfois il y aura bisexualité ou homosexualité, si les aspects de Mars et d'Uranus l'indiquent dans la carte natale. Cette huitième maison, dans le signe du Verseau, peut effectivement provoquer le divorce parce que le sujet est trompé ou qu'il trompe. Mais c'est souvent à partir de là que le natif devient plus fort et affirme mieux ses désirs. Cette position crée chez de nombreux natifs de ce signe, après une rupture, un désir de conquêtes sexuelles qui va souvent même à l'encontre de leurs principes réels qui penchent plutôt du côté conservateur.

Sa neuvième maison, dans le signe du Poissons, invite le natif à plonger parfois dans les mystères de la vie. Il reconnaît instinctivement la puissance de ses propres pensées et il peut s'intéresser à ce sujet d'une manière surprenante. Cette position lui confère une grande intuition. Il lui arrive de s'arrêter à sa logique, mais vient un temps où il fait naturellement confiance à ses intuitions qui, elles, ne mentent jamais. Ce natif est généralement bon, bien qu'il soit calculateur. Il ne voudrait nuire à personne. Il voudrait bien aussi aider plus de gens, mais il sait fort bien qu'il doit tout d'abord protéger son propre territoire.

Sa dixième maison, celle de la carrière, est dans le signe du Bélier. Il arrive que le natif commence très jeune à gagner sa vie. Il a besoin de se sentir libre, de ne dépendre économiquement de personne. Il a pu avoir des relations tendues avec le père sans avoir pu véritablement les exprimer puisque cette dixième maison s'oppose à son Soleil. Il a pu également subir une sorte de contrainte de la part de la mère et vouloir s'en libérer très jeune en assumant ses propres responsabilités. Il arrive souvent à ces natifs de se sentir mal à l'aise dans leur milieu de naissance, et pourtant ils ont bien du mal à s'en séparer.

Sa onzième maison, celle des amis, se trouve dans le signe du Taureau. Naturellement, il préfère la présence d'amis ayant quelques moyens financiers. Il aimera la compagnie d'artistes avec lesquels il se sentira à l'aise. Il respecte les créateurs, les innovateurs. En fait, il a très peu d'amis, il est très sélectif, mais ceux qu'il a il les garde longtemps, l'art étant très souvent un trait d'union dans l'amitié ou un sujet de discussion.

59

BALANCE ET SES ASCENDANTS

Sa douzième maison, celle de l'épreuve, étant dans le signe du Lion, le natif pourrait aspirer au vedettariat, mais il devra se contenter d'un peu moins que ce qu'il voulait au départ! Les enfants peuvent également être source d'épreuves à cause de la maladie, ou le natif retarde de gros projets parce qu'il a à coeur de voir sa famille grandir en toute sécurité et il ne veut prendre aucun risque. Dans certains cas où le natif n'a pas fondé de foyer, il pourrait garder secrètement en lui une douleur, une sorte de pincement de n'avoir pu se prolonger à travers des enfants. Le Lion étant le signe du coeur, le natif a en lui des secrets d'amour, des souvenirs dont il n'arrive pas à se débarrasser ou dont il ne veut pas se débarrasser... De temps à autre, avec sa fameuse mémoire, il recule dans le temps et se rappelle que ceci ou cela était bon, doux, agréable. Il voudrait parfois n'avoir pas vécu ce moment; il aurait pu sauver toute une histoire d'amour s'il avait agi autrement! Mais toutes ses histoires de coeur qu'il cache ont participé à le faire grandir, afin qu'il apprenne à mieux aimer. Aimer, c'est partager, ce n'est pas demander à un autre de le protéger.

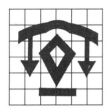  **BALANCE
ASCENDANT
LION**

Cette personne prend de la place, beaucoup même. Écartez-vous, Balance-Lion passe. Elle aime bien faire son petit effet, elle aime entendre qu'on la complimente.

Elle a du mal à s'évaluer elle-même, cette Balance. Il faut que quelqu'un le lui dise, l'approuve ou la réprouve. Peu importe que ce soit une approbation, ou un reproche, du moment qu'on s'occupe d'elle!

Balance, signe d'air. Lion, signe de feu, volcanique, explosif à certains moments. Il faut se garder de trop l'offusquer. Balance-Lion exige le respect. La Balance, signe cardinal, donne des ordres avec le sourire. Le Lion exige sans condition, mais chaleureusement.

La nature est généreuse et peut-être un peu trop parfois. Est-ce pour vous acheter? Vous finirez par vous le demander. Pour vous épater, vous surprendre, vous faire plaisir, toutes ces raisons sont souvent incluses dans cette nature. Le Lion a besoin de se manifester par quelque chose de matériel, qui se voit, qui éblouit, qui est original.

BALANCE ET SES ASCENDANTS

On peut exploiter cette nature par la flatterie. Mais la Balance est un signe d'intelligence et quand elle aura vu que vous lui jouez un jeu, vous êtes cuit! De plus, elle n'aura plus jamais confiance en vous!

Le milieu artistique lui convient parfaitement. Son domaine: le plaisir, la beauté, l'esthétique, la musique, la danse. Ce type de personne n'est pas né pour le 9 à 5, ça le tuerait. L'énergie sous ce signe est puissante et jamais le natif ne croira qu'une situation est perdue. Ce signe se renouvelle sans cesse et s'améliore graduellement.

Sa deuxième maison, dans le signe de la Vierge, rend ce natif habile quand il s'agit de compter les dollars. Souvent il aura deux sources de revenus qu'il appréciera bien. Avec de mauvais aspects de Mercure, ce qui est plutôt rare, deux sources de dépenses, souvent plus rapides que les rentrées d'argent, sont à redouter. Comme cette deuxième maison est aussi la douzième de la Balance, il arrive, à un moment de la vie, que ce natif vive différents excès. Cette position peut le porter à boire, à ne plus savoir dans quelle direction se diriger, mais il finit toujours par trouver. La chance, le ciel, lui vient en aide.

Son Soleil se trouve dans la troisième maison, ce qui le rend communicatif. Dès que quelqu'un l'intéresse, il s'arrange pour lui parler; tantôt c'est juste pour le connaître, tantôt c'est parce qu'il estime que la personne peut lui être utile. La Balance oublie rarement ses intérêts, par esprit d'indépendance et par besoin de multiplier ses connaissances. Cette Balance-Lion aime se renseigner sur les expériences des autres, cela pourrait lui être utile dans l'avenir et lui éviter des erreurs. Cette position rend le natif habile avec les mots. Il pourra lui arriver de ne dire que la moitié de la vérité si ça lui est plus utile ainsi. Il ne ment pas, il n'a tout simplement pas tout dit.

Sa quatrième maison, qui symbolise le foyer, se trouve dans le signe du Scorpion. Il arrive donc que ce natif ait pu dans sa jeunesse, sans être nécessairement pauvre, ne pas avoir vécu comme il le souhaitait. Son milieu de naissance a pu être un monde obscur où, subrepticement, on lui dictait sa conduite, mais comme il n'a surtout pas envie qu'on lui dise toujours quoi faire, il lui arrive de quitter jeune le foyer natal, à moins qu'un intérêt économique important ne l'y retienne. Pour lui, l'argent est important. Il est comme une sorte de reconnaissance de son talent.

Cette position peut inciter à l'alcool, à la drogue, surtout avec de mauvais aspects de la Lune et de Mars dans la carte natale.

Sa cinquième maison, celle des amours, dans le signe du Sagittaire, signe double, apporte au natif une grande franchise de coeur, mais pas nécessairement la fidélité. C'est moins certain de ce côté tant qu'il n'aura pas atteint la maturité. Il sera attiré par les gens qui sont populaires, qui font de l'effet ou qui ont de l'argent. Il attire souvent à lui des gens qui appartiennent à une classe sociale complètement différente de son milieu de naissance. Il aimera voyager et, naturellement, d'une manière luxueuse. Il suivra la mode, sera élégant... cherchera à faire son effet: il ne sait jamais qui il rencontrera.

Sa sixième maison, celle du travail, se trouve dans le signe du Capricorne, quatrième signe de la Balance. Il n'est pas rare que ce natif se retrouve à la solde du gouvernement où il occupe une haute fonction. S'il se dirige du côté des arts, la grande partie de son travail se fait à partir de son foyer. Bon travailleur, il ne craint pas les longues heures, il est même infatigable quand il a choisi une carrière, un métier, une profession. Qu'importe le domaine, il s'arrangera pour que son travail le fasse bien vivre et qu'il y ait une ouverture pour qu'il puisse aller toujours plus haut, plus loin.

Sa septième maison, celle du conjoint, dans le signe du Verseau, indique qu'il est préférable pour ce natif de vivre en union libre. Les signatures de contrats de mariage dans son cas sont faites pour êtres effacées ou raturées! Il ne supporte pas de se savoir attaché définitivement à quelqu'un. D'un autre côté, il peut vivre vingt ans avec une personne avec laquelle il n'a aucun lien sur papier officiel! Ne supportant pas la routine d'une vie de ménage, il ne veut pas qu'on l'oblige à des servitudes. Il est plutôt celui ou celle qui se fait servir! Il recherchera un partenaire original qui mène une vie différente de celle de la moyenne des gens. C'est à cette seule condition, au fond, qu'il restera attaché à l'autre.

Sa huitième maison, celle des transformations, dans le signe du Poissons, également sixième signe de la Balance, indique que le natif vit ses transformations à partir du travail lui-même. Un jour il occupe une fonction toute simple et, du jour au lendemain, on le nomme à un poste supérieur. Il s'y installe, s'y habitue, et voilà qu'une autre transformation s'amorce et il devra de nou-

BALANCE ET SES ASCENDANTS

veau se réajuster. Ça fait partie de son évolution intérieure tout autant que sociale. Quand il se met à grimper, il oublie cependant qu'il est parti d'en bas. Mais la vie se charge de lui rappeler ses origines. Il doit respecter le plus petit comme le plus grand. Avec de mauvais aspects de Neptune et de Mars dans sa carte natale, le natif pourra être porté à boire ou à vivre une période de fantaisies sexuelles qu'il n'aimerait pas qu'on dévoile!

Sa neuvième maison, dans le signe du Bélier, indique qu'il trouve toujours l'espoir et qu'il est toujours disposé à recommencer. Il a appris sa leçon et il ferait bien de ne plus l'oublier. Cette position indique que le natif décide soudainement d'entreprendre des voyages, du jour au lendemain. Les bagages sont prêts, le voilà parti. Il a averti la personne qui partage sa vie... parfois seulement quand il descend d'avion! Il arrive que la foi de ce natif soit superficielle et qu'il soit aussi superstitieux. Il ne croit en Dieu que lorsque ça va mal! Il oublie de remercier quand ça va bien! L'énergie nerveuse chez lui est puissante. Il peut soulever des montagnes, faire une crise de nerfs tout autant que bondir de joie dans des moments où personne ne s'y attend. Sa générosité est souvent calculée, il donne aux riches! C'est plus sûr comme ça!

Sa dixième maison, celle de la carrière, se trouve dans le signe du Taureau, symbole de Vénus, arts, beauté, esthétique, argent, immobilier. Le natif, en tout premier lieu, est attiré par la scène. Il aime se faire remarquer, cela fait partie de sa nature. Quoi qu'il fasse, il faut qu'il brille, qu'il ait une première place, qu'il joue un rôle important. Tenace, il s'accroche à ses objectifs et, le plus souvent, les réalise les uns après les autres.

Sa onzième maison, celle des amis, dans le signe du Gémeaux, lui procure beaucoup de connaissances mais il ne gardera avec tous ces gens que peu de liens profonds, et parfois aucun. Quand la mode change, il change d'amis! Il aime l'échange de mots, les politesses, mais là s'arrête son amitié. Vous ne pouvez non plus compter sur ses promesses, à moins qu'il ait besoin de vous éventuellement! Il est extrêmement logique dans ses démarches et en tout ce qui concerne son ascension, mais il oublie le lien fondamental qui nous relie les uns aux autres et qui nous ramène immanquablement les uns vers les autres.

BALANCE ET SES ASCENDANTS

Sa douzième maison, celle de l'épreuve, dans le signe du Cancer, indique un mal à l'âme. Il sait, au fond de lui-même, que briller n'est pas si important, pourtant il se sent propulsé vers l'avant, vers la réussite sociale, la sécurité matérielle et, si possible, la richesse. Cette position indique qu'il est un intuitif, qu'il pressent ce qui lui arrivera. Il n'est pas toujours en mesure de mettre un terme aux épreuves, du moins tant qu'il n'aura pas retenu sa leçon: les plus petits que soi sont aussi importants que les plus grands. Cette douzième maison, dans le signe du Cancer, laisse aussi supposer que le natif cache des choses en ce qui a trait à sa vie de famille dans sa jeunesse. Il a pu y vivre lui-même une épreuve, une douleur, il a pu aussi y être humilié. Lui seul le sait, et peut-être aussi l'astrologue! Le secret professionnel défend qu'on en parle plus longuement.

  **BALANCE
ASCENDANT
VIERGE**

Balance, deux plateaux. Vierge, signe double, signe qui précède la Balance, son douzième signe, ce qui ne rend pas sa vie émotionnelle tellement simple!

Problèmes de santé et troubles psychiques! Pas drôle du tout! Balance-Vierge, elle voudrait tout comprendre. Pourquoi la vertu et le vice existent-ils en même temps, sur le même palier, dans une même maison?

L'humanité veut vivre en paix, mais pourquoi passe-t-on son temps à se battre ici ou là sur la planète? Qui lui fournira la réponse? Comment se fait-il que des gens naissent riches et d'autres pauvres, même très pauvres? Qui donc veut bien lui donner la réponse? Elle cherchera longtemps.

La vie place une multitude de chances sur sa route: travail et carrière.

Vénus par la Balance, Mercure par la Vierge, beauté et intelligence en une seule personne, mais la volonté a parfois pris congé. Les beaux rêves sont présents, le destin ballotte à son gré cette nature qui n'offre pas de résistance. Elle croit que si les choses sont ce qu'elles sont, c'est qu'il devait en être ainsi.

BALANCE ET SES ASCENDANTS

Son esprit est souvent encombré de négatif. La pensée devient une réalité et les tristes rêves de Balance-Vierge deviennent aussi une réalité. Elle n'a pas offert de résistance, elle n'a pas cru qu'elle pouvait penser autrement!

Cette personne est capable d'un grand dévouement envers autrui. Elle peut même se mettre à la place de l'autre et prendre tout le trouble.

La méditation lui ferait grand bien. Quelques livres sur la pensée positive la transformerait. Cette Balance aime apprendre et il existe des livres sur l'art d'aimer, sur l'art d'être heureux avec le coeur, sans oublier la tête.

Son Soleil se trouvant en deuxième maison, cette Balance ne veut absolument manquer de rien. Elle compte et recompte. Rien n'y manque. C'est une véritable perfectionniste, quel que soit le travail auquel elle s'adonne. Elle est économe. C'est une Balance qui a ses petites habitudes et qui supporte assez mal qu'on les perturbe. Ce natif est un organisateur à grande, petite ou moyenne échelle. Si vous demandez gros, vous n'avez qu'à y mettre le prix et vous aurez un service impeccable. Si vous payez moins, vous aurez moins, soyez-en certain. La Balance est signe de justice, dans la deuxième maison qui représente l'argent; alors il faut lui payer ce que vous lui devez!

Sa troisième maison, dans le signe du Scorpion, en fait un véritable détective et parfois quelqu'un qui cherche la faute de l'autre, l'imperfection qu'on pourrait lui trouver, lui reprocher, lui souligner, tout cela pour venir en aide, naturellement. Cette Balance oublie qu'il est souvent préférable de faire un compliment plutôt qu'un reproche! Il lui arrive d'avoir des mots durs envers autrui quand elle réussit à prouver logiquement qu'elle a raison, que l'autre a tort. Vous aurez bien du mal à sortir de sa toile qui n'est pas de soie mais de fer, et qui peut-être vous laissera des marques. Cette position rend l'esprit d'analyse très puissant, mais quand il est utilisé pour contrôler son prochain cela n'a rien de bon. C'est plutôt un mauvais tour qu'on se joue à soi-même!

Sa quatrième maison se trouve dans le signe du Sagittaire. Le natif aimera la campagne, il voudra être en bonne forme physique, il aura besoin de cette expression du corps pour maintenir son équilibre. Il préférera une habitation à la campagne plutôt qu'à la ville. La nature lui permet de reprendre contact avec l'essence même de la vie qui n'est pas faite uniquement de raison, mais aussi d'impulsions, de poussées qui s'ajustent les unes aux autres, toutes au service de l'homme finalement. Possibilité que le natif se lie plus avec des étrangers qu'avec des gens de sa propre culture. Il peut y apprendre quelque chose qu'il ne connaît pas, une autre dimension, une façon de vivre, de mieux comprendre, de mieux tout saisir. Possibilité qu'il soit issu d'un milieu matériellement confortable, mais où règne quand même une tension, une dépendance. Il n'aime pas rendre des comptes. Il peut même s'éloigner de son lieu de naissance dès la vingtaine.

Sa cinquième maison, celle des amours, dans le signe du Capricorne, fait plutôt froid. Le natif a bien du mal à exprimer ses émotions et il les refoule continuellement. L'éducation dispensée par le père a pu être rigide bien que le sujet se soit senti protégé. Position qui ne favorise pas les grandes familles, mais l'exception fait la règle, naturellement. Si le natif fonde une famille, il risque d'être bien exigeant avec ses enfants, de les empêcher de choisir librement l'orientation de leur vie. Il peut même s'ensuivre une révolte.

Sa sixième maison, celle du travail, dans le signe du Verseau, incite souvent le natif à travailler en fonction de la masse, pour la masse. Travail également utilitaire. Son monde de travail peut être en mouvement continu, en évolution. Il sera attiré par les appareils modernes, les ordinateurs, le cinéma, la vidéo, par tout ce qui touche les ondes, la communication rapide, etc. Cette sixième maison, en Verseau, indique également que le natif a un système nerveux fragile, bien que rien ne soit apparent extérieurement. Un rien l'irrite, et il lui arrive d'attendre si longtemps pour dire ce qu'il pense réellement de telle ou telle situation qu'il éclate à ce moment. Il est même dangereux car il peut perdre le contrôle. L'intelligence est puissante, parfois géniale. Ne dit-on pas que le génie frôle la folie?

Sa septième maison, celle du conjoint, se trouve dans le signe double du Poissons, ce qui symbolise souvent deux unions! Le natif a pu attirer une personne qui lui est tout à fait contraire, un désordonné, et il s'est donné pour mission de lui apprendre l'ordre! Mais il n'est pas certain qu'il réussisse. Le véritable désordre est en lui, à vouloir faire de l'ordre cela suppose le désordre! Notre natif Balance-Vierge se veut utile à l'autre dans une vie de couple. Il lui arrive de se rendre si indispensable que son partenaire lui remette l'entière responsabilité de la vie du couple.

BALANCE ET SES ASCENDANTS

Comme il est impossible de vivre à la place de deux, la rupture finit par surgir. Le plus souvent c'est l'autre qui part et le natif reste seul. Il avait choisi un partenaire désordonné qui n'a plus envie qu'on continue de le surveiller.

Sa huitième maison, celle des transformations, dans le signe du Bélier, juste en face du Soleil, en Balance, est l'indice, surtout avec de mauvais aspects de Mars, qu'un choc, qu'un accident peut transformer la vie du natif. Il pourrait bien même frôler la mort, mais il en ressortira complètement différent. La vie sexuelle du natif est active. C'est un sensuel introverti. Quand il a confiance en son partenaire, c'est un amant ou une maîtresse impeccable.

Sa neuvième maison, celle des voyages, dans le signe du Taureau, symbolise le plus souvent des voyages d'affaires, pour son travail. Les voyages stimulent la créativité du natif et il est possible qu'il rencontre l'amour lors d'un séjour à l'étranger ou entre deux aéroports! Sensible à la beauté esthétique, à l'art, il pourrait même faire des études de ce côté. Il fait un excellent collectionneur de tableaux, de peintures qui prendront de la valeur. Le natif est toujours pratique. Il s'accroche plus aux apparences qu'à l'évolution réelle intérieure. Il faut de bons aspects avec sa neuvième maison, en Taureau, pour qu'il puisse dépasser cette étape. L'amour peut lui permettre de grandir quand il le rencontre de nouveau. Naître Balance signifie qu'on n'est jamais seul en réalité. Il se trouve toujours quelqu'un disposé à aimer une Balance, elle inspire l'amour et est le symbole de l'union. La Balance-Vierge vit généralement deux grandes unions, la seconde étant plus réussie. Elle a bonne mémoire et évite toujours les pièges qu'on pourrait lui tendre de nouveau. Elle désire au fond la paix. Elle veut vivre en harmonie.

Sa dixième maison, dans le signe du Gémeaux, symbolise souvent une carrière dans le monde des communications. Radio, télévision, journalisme, écrits, cinéma. Tout ce qui permet d'être à l'avant-garde l'attire irrésistiblement. Ayant le Soleil en deuxième maison, à la manière d'un Taureau, s'il envisage un objectif, même difficile à atteindre, qui lui permettra de bien gagner sa vie, il le poursuivra jusqu'à la fin. Il a le sens des relations publiques, il fait un bon diplomate.

Sa onzième maison, celle des amis dans le signe du Cancer, lui attire des gens créatifs qui viennent de tous les milieux et qui pratiquent des arts totalement différents. Il garde certains amis d'enfance qu'il prend plaisir à revoir au fil des ans. Il aime les recevoir chez lui. Il se sent plus en sécurité au fond sur son propre territoire. Cette position lui donne une grande imagination créatrice, mais il ne parle de ses idées de rénovation et de transformation qu'à ceux avec qui il est lié intimement. Avec de mauvais aspects d'Uranus, dans sa carte natale, il est possible que la famille ait vécu un drame que le natif garde enfoui au fond de lui. Il a pu y avoir de la violence, Uranus n'étant jamais une position de repos!

Sa douzième maison, celle des épreuves, est dans le signe du Lion (Lion symbole du coeur, symbole solaire aussi). Tout dépend nécessairement des aspects du Soleil et de Neptune si l'on veut connaître le véritable genre d'épreuve que le natif peut vivre, ou a déjà vécu. Il arrive souvent que l'épreuve vienne du père du natif. L'épreuve étant également une phase d'évolution, sa huitième maison, dans le signe du Bélier, laisse encore une fois supposer que le natif puisse frôler la mort ou qu'il a vécu un drame relié à la mort, dans sa famille, alors qu'il était jeune ou adolescent, l'âge est indiqué par les aspects planétaires de la carte natale. À la suite d'un deuil, le natif est devenu plus sûr de lui, plus persuadé encore de la valeur de la vie. Cette position fait de lui un penseur. Il est permis de croire qu'il pourra dépasser la frontière qui sépare ce qui est de ce qu'il voit. Cette douzième maison, dans le signe du Lion, crée une sorte d'aveuglement intérieur, puis un beau jour la lumière se fait, le natif est en mesure de discerner ce qui est illusion ou réalité. L'amour étant aussi une phase importante, ça peut l'éveiller et l'orienter vers autrui. Il cesse alors de vivre uniquement en fonction de sa propre raison, pour songer au partage du coeur, où les fantaisies ont leur place et où l'on découvre qu'il suffit de vivre pour avoir une bonne raison d'être heureux.

 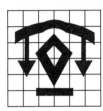 **BALANCE ASCENDANT BALANCE**

La beauté joue un si grand rôle qu'elle peut entraîner cette nature dans la superficialité, comme si le physique constituait toute la personne. Une personne complète, c'est plus qu'un corps. Le corps sert à la manifestation de l'être!

Double signe d'air, de raison, double signe cardinal! Le coeur ne tient pas toujours la première place.

Balance ascendant Balance, c'est beau à regarder. Quelle allure! Elle s'exprime avec aisance et élégance. Le charme vénusien exerce un pouvoir magique sur l'entourage. Sa courtoisie, enfin tout ce que vous voyez, est si plaisante que vous ne vous lassez pas de regarder, une bonne quinzaine de minutes au moins!

La Balance, c'est la recherche de l'union. Le natif se choisira des partenaires qui paraissent bien naturellement. Il ne faudrait pas avoir l'air dépareillé! Sa passion a une teinte théâtrale, le jeu plaît ou ne plaît pas, cette Balance a pu apprendre son rôle par coeur: bien joué, à la douzième ou à la quinzième représentation, vous commencez à vous lasser...

BALANCE ET SES ASCENDANTS

On chuchotera bien fort que Balance-Balance se prend pour un autre!

Sa deuxième maison, celle de l'argent, dans le signe du Scorpion, signifie souvent une forte tendance à économiser son argent! Balance-Balance souhaitera souvent, au fond d'elle-même, se faire entretenir par un prince ou une princesse, être la personne choisie! Mais il n'en va pas souvent ainsi, bien au contraire. Balance-Balance se retrouve dans des situations où elle devra faire preuve d'une grande force, d'une grande résistance pour gagner la partie engagée. Aussi aura-t-elle beau espérer qu'on reconnaisse son charme, il lui faudra travailler pour gagner son argent! Cette deuxième maison, en Scorpion, lui fait souhaiter profiter de l'argent des autres afin de pouvoir économiser le sien! Vous ne vous rendrez compte de rien au début; le charme faisant son effet vous serez porté à tout donner à cette Balance, mais dès que vous découvrirez qu'il y a abus, vous lui retirerez son pouvoir. À ce moment elle réalisera qu'il faut travailler pour gagner son sel. Physiquement, le natif ou la native pourra avoir l'air fragile, mais il n'en est rien, Balance-Balance a une étonnante résistance.

Sa troisième maison, dans le signe du Sagittaire, lui fait aimer la vérité, mais il n'est pas certain que vous sachiez tout de ce natif. Cependant, il saura tout de vous. Il a l'art de vous faire parler, de vous flatter, de vous faire dire ce qu'il veut bien entendre. Il aime vivre en société, côtoyer les gens bien, les gens fortunés, il les attire, d'ailleurs. Sa conversation sera souvent superficielle. Il se cache de vous, il n'a pas envie de se révéler, il a tout à apprendre de vous, ça peut lui être utile. La Balance, qui joue souvent la discrétion, est, en fait, une personne bien curieuse et plus calculatrice qu'elle le laisse paraître. Son charme vous aveugle. Son désir de paix est toutefois profond, au point même de ne pas se mêler à trop de gens afin de préserver son intimité, de garder ses plateaux en équilibre.

Sa quatrième maison, celle du foyer, dans le signe du Capricorne, est souvent l'indice que le natif a pu connaître quelques problèmes familiaux dans l'enfance, qu'il est issu d'un milieu où l'utilité prime tout. On lui enseigne l'ordre, l'obéissance, cependant cette double Balance, elle-même double signe de chef, ne reçoit pas d'ordre! Elle en donne cependant et peut se révolter contre le système établi dans sa jeunesse, quitter la famille le plus tôt possible pour n'avoir plus à être sous la tutelle de quiconque.

BALANCE ET SES ASCENDANTS

Sa cinquième maison, celle des amours, dans le signe du Verseau, lui fait rechercher la présence de personnes stables, le Verseau étant un signe fixe. Par contre, la jeunesse est parfois marquée par des amours précoces, des unions décidées précipitamment, sous le coup de fouet d'Uranus. Puis arrive la rupture et voilà notre Balance à la recherche d'un nouvel idéal! Cette position parle des enfants que le natif peut avoir ou ne jamais avoir, tout dépend des aspects d'Uranus dans la carte natale. S'il a des enfants, il est possible que ceux-ci aient quelques problèmes face à la vie, autant sur le plan professionnel que sentimental.

Balance-Balance exerce une sorte de dictature avec le sourire. On finit par s'en rendre compte, et voilà que les enfants se révoltent contre le système. Ils réclament la démocratie, mais ils auront bien du mal à l'obtenir d'un parent Balance-Balance. Le natif veut la paix, l'harmonie, mais à sa manière! Cette position laisse parfois présager qu'il ne voudra pas d'enfant, c'est le cas de nombreuses femmes nées sous ce signe. Elles préfèrent la vie sociale à la vie familiale. Il n'y a jamais de mal à faire un choix judicieux, c'est plutôt l'inconscience qui crée les problèmes. Faire deux ou quatre enfants, faire comme tout le monde, c'est faire le jeu de la société, mais pas le sien! Personne n'a à juger les comportements d'autrui.

Sa sixième maison, celle du travail, indique que le natif peut faire n'importe quoi, ou presque. Il est intelligent, raisonneur, raisonnable, travailleur, ambitieux. Cette maison neptunienne peut entraîner certains types vers des carrières cinématographiques, photo, travail intellectuel ou manuel, tout dépend des aspects de Mercure et de Neptune dans la carte natale. Le natif peut avoir de l'habileté pour l'écriture, la couture, le secrétariat (secrétaire en chef naturellement), la décoration. Le choix est illimité, ce natif est un débrouillard.

Sa septième maison, dans le signe du Bélier, l'incite à se marier jeune, pour diverses raisons, mais cette position est dangereuse! Le divorce peut survenir même peu de temps après l'union. À l'époque où les séparations étaient moins à la mode, où la religion interdisait le divorce, des Balance-Balance sont restées mariées, mais il n'est pas certain qu'elles aient atteint le bonheur auquel elles aspiraient, le signe étant à la fois réaliste et idéaliste! Vivre pour soi ou pour le don de soi? Les déchirements sont nombreux sous ce signe et cet ascendant.

BALANCE ET SES ASCENDANTS

Sa huitième maison, dans le signe du Taureau, est le symbole de Vénus, à la fois amour et argent! Transformations financières importantes par le travail ou par l'intermédiaire d'une personne riche et amoureuse du natif. Cette position promet une longue vie au sujet et une capacité de résistance peu commune face aux événements de la vie, qu'ils soient d'ordre matériel ou émotionnel. Le natif sait toujours s'ajuster aux transformations de façon à en tirer le meilleur parti possible. Cette position rend le natif économe. Il a également le sens de la propriété. Il sait, par exemple, quand acheter une maison, un terrain, et il sait également quand il faut vendre pour réaliser un bon profit. Avec de mauvais aspects de Mars et de Vénus dans la carte natale, le natif pourrait faire le commerce de ses charmes afin de subvenir à ses besoins matériels!

Sa neuvième maison, celle des voyages, dans le signe du Gémeaux, signifie de nombreux déplacements au cours de sa vie. Le natif aura souvent envie de partir au loin, mais il hésitera à quitter définitivement son lieu de naissance, terrain sur lequel il se sent en sécurité parce qu'il le connaît. Bien que, souvent, les gens de ce signe paraissent audacieux, ils ne le sont pas autant que ça et ils hésitent longtemps avant de se décider à faire de grands changements dans leur vie et d'orienter autrement leur vie professionnelle ou sentimentale.

Sous ce signe, l'élévation spirituelle peut laisser à désirer. Le natif a une foi chancelante et il ne croit qu'à ce qu'il voit. Il considère souvent que ceux qui s'adonnent aux sciences paranormales, à l'ésotérisme, et même à l'astrologie, sont des «yoyos»! Eux, ils savent! Il est vrai que sous ce signe l'instinct est puissant, le sens de la débrouillardise est développé, mais il y manque une chose: le natif est souvent peu conscient des répercussions de ses actes à long terme, il ne se rend pas compte de ce qu'il fait aux autres! Sa conscience du «moi» est grande... le je, me, moi est son mode de vie habituel. Il connaît souvent de grandes réussites sociales, mais observez-le de plus près, vous vous rendrez compte qu'il lui manque quelque chose. Il ne sait pas quoi, et il se dit qu'il manque sûrement d'argent pour se sentir aussi peu en sécurité.

Sa dixième maison, dans le signe du Cancer, symbole de la Lune, donne à ce natif le goût des foules, d'être devant la masse, d'exercer une influence sur les gens, quel que soit le travail qu'il fait. Ce peut être par le biais du monde des affaires ou des arts. Il arrive qu'il sacrifie sa vie privée au service d'un idéal social. Il se sent poussé par le désir de régner, de diriger, d'être le maître. Il peut y arriver, ce double signe cardinal est puissant.

Sa onzième maison, celle des amis, dans le signe du Lion, lui fait naturellement préférer la présence des personnes qui ont un rayonnement particulier, la puissance financière, une certaine influence sur le pouvoir. Bref, le natif attire à lui ceux qui ont de l'argent ou de l'or. En fait, il n'aura que très peu de véritables amis, mais il connaîtra une foule de gens bien! Du moins c'est ce à quoi il aspire. Si vous êtes quelqu'un de tout à fait ordinaire, il se peut qu'il vous dédaigne un peu. Vous ne l'intéressez pas. Il faudrait se rappeler que, souvent, les gens heureux n'ont pas d'histoire et que ce sont eux les véritables héros de ce siècle où l'amour est à la dérive!

Sa douzième maison, celle de l'épreuve, dans le signe de la Vierge, symbole de Mercure, peut parfois, à un moment indiqué par la carte natale, engendrer une certaine dépression où le natif se pose de sérieuses questions sur l'orientation de sa vie autant professionnelle qu'émotionnelle! Cette position, avec de mauvais aspects de Mercure et de Neptune dans la carte natale, laisse voir que le natif a menti sur plusieurs plans, autant à lui-même qu'aux autres. Il a sauvé la face, mais pas le reste. Position dangereuse qui indique souvent des pertes de mémoire, le système nerveux est à fleur de peau. Le natif fait sa propre auto-analyse. Il refuse de demander de l'aide et il s'enferme en lui-même, toujours plus présent à lui seul qu'aux autres. Que font donc alors ceux qui le connaissent depuis longtemps, qui ont changé, mais qui n'ont vu aucune transformation profonde chez lui? Ils l'abandonnent... Et personne n'a envie qu'on le quitte, surtout pas la Balance-Balance. Il reste une chose à faire: vivre pour autrui et avec autrui.

BALANCE
ASCENDANT
SCORPION

Vivre avec un ascendant Scorpion comporte une lourde charge en soi! Le natif a du pouvoir! Pouvoir sur lui-même, pouvoir sur les autres aussi!

Sensibilité aiguë, instinct puissant, capacité de prévoir ce qui s'en vient, dons paranormaux, sensualité marquée, être magnétique!

Encore une fois, avec un ascendant Scorpion on se demande toujours si la personne est un ange ou un démon. Simple: on reconnaît l'arbre à ses fruits. N'est-ce pas?

Dans la première partie de sa vie, les amours sont tourmentées, les attraits sont multiples et le goût des expériences sexuelles ne se freine pas si facilement sous l'effet de la Balance-Scorpion. Ce natif vit de grands bouleversements dans son destin, au point même de devoir emprunter une route différente, souhaiter expérimenter ailleurs. Cette Balance éprouve parfois un certain plaisir dans la douleur qu'elle s'inflige ou qu'elle inflige à autrui.

Les crises, les prises de conscience sont nombreuses, mais chaque fois le natif en sort transformé, plus fort qu'avant. Il s'intéresse à l'occultisme, à l'astrologie, à la parapsychologie, à toute science paranormale qui exerce sur lui un attrait. Il fouinera, et peut-être y trouvera-t-il un véritable intérêt. Deviendra-t-il un expert? Qui sait?

Avec un ascendant Scorpion, le natif ne s'oublie pas dans le domaine financier. Il sait prendre son morceau de gâteau bien glacé! Il sait compter aussi. S'il vous fait un cadeau, c'est qu'il vous apprécie beaucoup, croyez-moi, ou alors il vous remercie pour un service que vous lui aurez rendu.

La Balance est un signe cardinal, l'action, et le Scorpion est un signe fixe, l'endurance; la ténacité dans l'action, voilà tout de même une bonne association!

La Balance-Scorpion peut avoir des vues bien arrêtées sur certaines choses. La Balance est le signe de la justice, mais une justice humaine, qui a un rapport direct avec la raison sociale et le «ça doit se faire comme ceci ou comme cela, selon les règles». Le Scorpion, signe fixe, ne change pas d'avis, surtout si sa Balance lui a donné toutes les bonnes raisons de ne pas avoir tort et de JUGER selon une justice de Balance, humaine, donc faillible et sujette à changements. Pourtant quand une Balance-Scorpion jure, elle se mettrait la main au feu. Et si dans quelques années elle n'avait plus raison...

Cette Balance doit apprendre à ne pas juger, elle n'en a pas le pouvoir. Et juger autrui, c'est se condamner soi-même à subir un jugement, ce qui éloigne de la sagesse qu'elle recherche.

Le plus souvent, c'est à partir d'un jugement que les guerres éclatent. S'évaluer soi-même c'est déjà un travail bien ardu!

Sa deuxième maison, dans le signe du Sagittaire, symbolise l'argent. Sagittaire, troisième signe de la Balance, laisse présager que ce natif choisira un travail intellectuel pour gagner sa vie. Il est très attiré par le milieu artistique, vers les gens qui progressent, ceux qui gagnent cher. Il pourrait aussi avoir un talent de professeur. Cette position favorise les finances. Le natif gagne généralement bien sa vie et ne dépend de personne, du moins c'est ce à quoi il aspire.

Sa troisième maison, dans le signe du Capricorne, lui donne le goût d'apprendre ce qui peut lui être utile. Il n'est pas du genre à chercher l'éparpillement intellectuel et souvent il se spécialise dans un domaine bien précis. Il aura un grand respect pour les personnes âgées et sera même très attentif envers elles. L'adolescence a pu être marquée par un grand-parent qui a pris une place importante dans sa vie et qui a même pu intellectuellement l'influencer dans l'orientation de sa vie. Le raisonnement peut parfois être froid, démuni d'émotions, la troisième maison, la parole, étant dans un symbole saturnien, le froid, la distance que l'on prend avec les autres. On se place en haut et on regarde en bas. Il arrive alors qu'on n'ait pas vu tous les détails d'une situation, on regarde de trop loin, puis on juge quand même. L'erreur est possible quand le jugement est trop hâtif. Un humain n'est pas une forme vague, ni lointaine. Il est une foule de choses, en gros et en détail.

Sa quatrième maison, dans le signe du Verseau, d'Uranus, est également le symbole de mère. Le natif peut avoir un lien étroit avec sa mère. Celle-ci a pu être une sorte de victime dans la vie, et le natif pourra la considérer comme une sainte. Tout dépend des générations: les plus jeunes diront que la leur n'a pas été chanceuse, mais qu'elle s'en est assez bien sortie. Le Verseau étant le cinquième signe de la Balance, donc son symbole d'idéal sentimental, indique un lien étroit entre la mère et le natif. Le foyer a pu être un lieu où la créativité a été encouragée, d'une manière qui n'est pas toujours verbale. Une certaine liberté de penser a été laissée à ce natif de façon qu'il forme son propre jugement. Avec Uranus en quatrième maison, par exemple, les liens familiaux ont pu se rompre soudainement. Le foyer s'est désuni, mais le natif en sort plus fort.

Sa cinquième maison, celle de l'amour, dans le signe du Poissons signifie que le natif s'est accordé, ou non, une grande permissivité sexuelle durant sa jeunesse. La dernière hypothèse est plus rare. Ce personnage peut vivre des emportements amoureux de style neptunien. Il idéalise la personne rencontrée, ne la voit pas réellement telle qu'elle est. Comme la Balance est un signe de raisonnement quand elle sort de son rêve, celui-ci peut alors être brisé pour longtemps avant qu'elle se laisse aller de nouveau à aimer. Les rencontres amoureuses se font souvent au lieu du travail du natif, surtout les premières amours.

Sa sixième maison, celle du travail, en Bélier, juste en face de son Soleil, laisse encore une fois présager qu'il est bien possible que le travail crée le lien amoureux ou que le natif travaille pour son conjoint, ou avec lui, avant ou après la rencontre, tout dépend des aspects de Mars, de Vénus et de Mercure dans la carte natale. Le natif a généralement la parole facile, il s'exprime spontanément, en toute aisance. Il lui arrive de dire trop rapidement ce qu'il pense, ce qui peut parfois créer du remous dans son entourage, au travail. On peut également le jalouser, parler contre lui. On trouve qu'il prend trop de place, car il pourrait bien se classer premier alors qu'il est arrivé le dernier. Il représente alors une menace pour une collectivité bien en place! Son travail est souvent décidé sous le coup de l'impulsion, de l'inspiration. Un jour il est artiste, c'est ce qu'il a décidé, et il le sera jusqu'à la prochaine impulsion. Décide-t-il qu'il est une personne d'affaires, il l'est jusqu'à la prochaine inspiration. Avec toute son énergie, il peut aussi faire les deux à la fois.

Sa septième maison, celle du conjoint, dans le signe du Taureau, huitième signe à partir de la Balance, laisse présager qu'un jour une personnalité marquante entrera dans sa vie, ce qui changera totalement sa façon de gagner de l'argent! Ce natif aura toujours une préférence pour un partenaire en moyens! C'est bien légitime et raisonnable, après tout. Possibilité aussi, avec cette position, que le natif subisse quelques revers financiers à cause d'un amour accordé à une personne qui l'a exploité dans sa jeunesse. Vivre avec un ascendant Scorpion c'est souvent un couteau à deux tranchants. Le bien et le mal se font la lutte.

Sa huitième maison, celle des transformations, dans le signe du Gémeaux, symbole de Mercure, signifie que les changements surviennent à partir de la réflexion, de la discussion avec autrui. Une transformation intellectuelle par la voie des études peut, à un moment, changer complètement la mentalité du natif et sa conception de la vie, sa manière de vivre. Cette position provoque des colères soudaines chez le natif, colères qui peuvent très souvent n'avoir aucun rapport avec le moment présent, plutôt des souvenirs subconscients enfouis qui ressurgissent sans crier gare, des sentiments refoulés, des larmes, des peines qui n'ont pas été exprimées au moment où l'événement se produisait.

Sa neuvième maison, dans le signe du Cancer, lui fait souvent idéaliser le passé. Il le transforme à sa guise selon les jeux de son imagination. Cela permet en même temps au natif d'oublier les durs moments qu'il a pu vivre. Le souvenir est transformé et jaillit l'espoir d'un avenir meilleur sans cesse renouvelé. Perceptif, ce natif peut développer la médiumnité, la clairvoyance, surtout avec de bons aspects de la Lune et de sa neuvième maison. S'il aime voyager, il sera aussi toujours heureux de rentrer chez lui. Ailleurs c'est bien, chez lui c'est mieux. Il aimera la vie au grand air, à la campagne, surtout à partir de la deuxième partie de sa vie.

Sa dixième maison, dans le signe du Lion, indique que le natif aimerait être reconnu publiquement. Il rêve de gloire et de célébrité. La carte natale indique si le natif peut ou non atteindre cet objectif. Rien n'est vraiment impossible avec un ascendant Scorpion, il peut défier le temps, le ciel. S'il a des enfants, il peut arriver aussi qu'il ne soit pas vraiment réaliste en ce qui les concerne. Il rêve, tout autant pour lui que pour eux, de les voir décrocher des médailles, des couronnes, des honneurs, bref tout ce qui pourrait les mettre en évidence. Balance-Scorpion pourrait alors dire: voilà, cet enfant ou ces enfants sont mes chefs-d'oeuvre! Comme je l'ai écrit dans mon livre publié en 1987, les Balances ne sont pas de véritables éducatrices, elles sont trop occupées en général à bâtir leur monde social et ne peuvent consacrer tout leur temps à des enfants qui limitent leur action. Faire et élever des enfants, c'est une vocation qui, malheureusement, est encore bien mal reconnue! Pourtant, les vraies héroïnes sont des mères, toutes des mères! Pour une Balance-femme ce rôle est difficile à accepter totalement. C'est toujours plus facile pour un homme, puisque, en général, c'est aux femmes que l'on confie le rôle d'éducatrices. Mais ne faisons pas ici le procès de la société...

Sa onzième maison, symbole des amis, dans le signe de la Vierge, douzième signe de la Balance, signifie que cette Balance peut s'attendre à quelques mensonges de la part de ses amis. Il lui arrive aussi de n'être pas totalement honnête ou d'être trop intolérante envers celui qui n'est pas de son avis. Les amis se défendent comme ils peuvent! Ils trouvent des excuses pour ne plus la voir, ou pour remettre à plus tard une rencontre. Cette Balance recherchera la présence des intellectuels avec qui elle pourra discuter. Mais il arrive un moment où elle ne discute plus, elle ne se rend même pas compte qu'elle a toujours raison «elle» ou «lui». Je dis Balance au féminin, mais il s'agit tout autant d'une attitude de la part des hommes que des femmes de ce signe et de cet ascendant. Attitude à rectifier si l'on veut éviter de perdre continuellement des amis et devoir continuellement recommencer le cercle des connaissances!

Le Soleil se trouve en douzième maison, position toujours un peu dangereuse pour la santé du natif. La résistance physique est moindre et la maladie peut être sournoise. Avec de mau-

BALANCE ET SES ASCENDANTS

vais aspects du Soleil et de Neptune dans la carte natale, le sujet peut être la proie de sa propre imagination qui va jusqu'au délire, et prendre ses rêves pour une réalité. Avec de bons aspects, le natif est extrêmement créateur: musique, peinture, littérature, voie mystique. Il peut être médecin, guérisseur, vivre en retrait et faire pourtant grand bien à l'humanité souffrante.

Il n'est jamais facile de vaincre ses tendances négatives. L'ascendant Scorpion a bien du mal à oublier si on a commis une injustice à son endroit et pourtant il doit s'efforcer d'y parvenir, sinon il risque d'être malheureux longtemps.

  **BALANCE
ASCENDANT
SAGITTAIRE**

Elle est remplie de bonne volonté, les objectifs ne manquent pas, elle fait des promesses qu'elle ne tiendra peut-être pas! La vie est presque trop facile pour cette Balance. La chance est toujours présente, comme un chien qui fait le guet et protège son maître. Le natif attire la sympathie des gens, il est populaire dans son milieu, on dit que tout lui réussit!

Le Sagittaire à l'ascendant, c'est une part de chance envoyée par le ciel. À chacun de faire fructifier ses talents!

Balance, deux plateaux; Sagittaire, signe double! Le natif n'hésitera pas à prêter son concours pour jouer un rôle pouvant impressionner la galerie qui l'a remarqué! Il est populaire, on le demande partout, il se plie facilement aux demandes pour les sorties et les visites.

Tout ce qui est nouveau attire cette Balance-Sagittaire. Nouveau club à la mode, vêtements à la mode, nouveau sport à la mode. Tout cela, par contre, demeure dans le monde du superficiel, mais la Balance dégage une vibration harmonieuse, agréable, qui fait que, lorsqu'on est avec elle, on a envie de vivre, de profiter des bons moments de la vie. Comme elle est émotive et que c'est aussi une vibration, cette Balance vous accorde le droit de vivre avec des émotions et d'en ressentir les nuances. Aucune gêne là-dessus avec elle.

Elle a le grand défaut de ne pas aller jusqu'au bout de ses entreprises: elle veut trop en faire à la fois. Les études l'attirent, elle ferait bien de se fouetter un peu pour aller jusqu'au bout, car il y a du plaisir à étudier, à apprendre. Il suffit de s'en convaincre.

Sa vie amoureuse est instable. Comme malgré elle, elle choisit des partenaires qui n'ont absolument pas envie de s'engager à fond dans une relation. Elle vit un emballement sentimental, tout est pour le mieux, et puis hop, on la quitte. Les larmes ne seront que de courte durée, le Sagittaire à l'ascendant sachant très rapidement trouver consolation ailleurs!

Sa deuxième maison étant dans le signe du Capricorne, en aspect contradictoire avec le signe de la Balance, voilà que ce natif veut de l'argent, mais il n'a pas vraiment envie de travailler pour le gagner. Il s'imagine que penser devrait suffire, et qu'on devrait le payer pour penser! Il est vrai qu'il est doué d'une grande imagination, surtout quand il est question de plaisir. Cette position en fait un habile négociateur. Il peut faire des coups d'argent. L'immobilier lui sied bien: un achat, une revente avec un large profit, et le tour est joué! Le voilà de nouveau en vacances. Il a toujours l'air de vouloir vous donner tout ce qu'il a, mais il n'en est rien. Il est plus économe qu'il le laisse paraître et pour recevoir un cadeau de lui vous devrez lui avoir rendu un très très très grand service!

Sa troisième maison est dans le signe du Verseau. Ici l'intelligence est remarquable! Rapide comme l'éclair lorsqu'il doit répondre à vos questions, vous verrez que rien ne l'embête. Il peut apprendre ce qui lui plaît. Il a un esprit de rébellion. Il voudrait tout chambarder. Il est bien pressé, mais il l'est moins s'il doit lui-même faire les premiers pas. Il a une large vision de l'avenir et il aime en parler, en discuter. Il voudrait pouvoir donner des ordres: aussitôt dit, aussitôt exécuté! Il aime fréquenter les gens originaux, ceux qui ont de l'espoir. Il déteste la routine, la répétition du geste quotidien. La vie devrait être une fête, c'est ce qu'il croit profondément, mais ce n'est pas aussi facile de le vivre. Comme le Verseau est aussi le cinquième signe de la Balance, cette Balance-Sagittaire peut vous parler d'amour, vous ravir, vous faire des promesses, pour vous faire plaisir, mais ce n'est pas aussi certain qu'elles seront tenues! Elle domine par la raison. Elle est si intelligente qu'elle peut jouer avec votre raison comme le chat joue avec la souris. Habile aux jeux de mots, elle peut vous faire rire, se moquer de vous, gentiment, et vous ne pourrez même pas la détester! Elle aime la philosophie, tout ce qui touche l'humanisme, la politique également. Mais où va-t-on, que fait-on avec autant de capacités? Elle peut mettre un temps fou avant de se décider.

Sa quatrième maison, celle qui représente la mère, le foyer, se trouve dans le signe du Poissons. Le natif pourrait se sentir mal à l'aise dans son milieu de naissance, il a l'esprit large et la famille représente pour lui une limite. Très jeune il voudra la quitter, mais il y reviendra, il quittera de nouveau. Bref, il fera danser sa mère sur une corde raide! S'il devient parent à son tour, il dansera lui aussi sur une corde raide. Chacun son tour, la roue tourne.

Sa cinquième maison, celle des amours, dans le signe du Bélier, en face de son Soleil, indique qu'il est difficile pour ce natif de toujours vivre avec la même personne! Il a du mal à résister aux différents appels qui viennent du sexe opposé! Il aime séduire et il se laisse prendre à son propre jeu. Il place la logique au-dessus de tout, et quand il «tombe amoureux», il s'en défend bien, en recherchant souvent un autre amour! En tant que Balance il cherche l'amour idéal, l'amour parfait. Il peut le trouver un jour, mais il risque de briser quelques petits coeurs en cours de route.

Sa sixième maison, dans le signe du Taureau, maison du travail, huitième signe de la Balance, représente une transformation complète des valeurs du natif par le travail. Cette position favorise des placements faits avec des objets d'art, des peintures, avec tout ce qui prend une valeur sur le marché. Le temps joue en sa faveur de ce côté. Grand admirateur de l'art, il respecte les artistes, les vrais, ceux qui se consacrent à l'art. Il aimera les fréquenter, ce qui lui permet d'être fantaisiste. C'est permis avec les artistes, tout le monde le sait. Cette position indique encore une fois que l'immobilier lui est favorable. Il pourra avoir un talent pour écrire, parfois pour chanter s'il a de bons aspects de Vénus dans sa carte natale. Pour parler, il est «le» spécialiste. C'est pourquoi il fait un bon vendeur.

BALANCE ET SES ASCENDANTS

Sa septième maison, celle qui représente le conjoint dans le signe du Gémeaux, lui fait naturellement préférer l'union libre. Avec lui, un état de mariage, c'est un état de divorce! L'exception fait la règle. Il sera attiré par des personnes du type nerveux, qui parlent beaucoup, qui discutent longuement. Il aime les arguments, mais cela peut aussi aller jusqu'à la dispute. Il lui arrive de se choisir un partenaire, souvent le premier, superficiel, uniquement attaché aux valeurs matérielles. L'ascendant Sagittaire le rendant idéaliste mais pas du tout aveugle, il se rend compte que l'autre n'est qu'une façade ou qu'une infime partie de ce qu'il s'attendait à trouver dans l'intimité. Et voilà la rupture, mais il est déjà parti à la recherche d'un nouvel idéal! Disons que c'est courant dans notre temps dit moderne...

Sa huitième maison, dans le signe du Cancer, lui donne une grande perception. Il peut jouer avec les gens parce qu'il sait immédiatement à qui il a affaire, sauf en amour. Mais dans tout autre domaine, il est habile à manipuler! Longue vie à ce natif, malgré tous ses excès! Il aura toujours la sagesse de s'arrêter à temps pour prolonger sa vie et continuer à vivre dans le plaisir d'être!

Sa neuvième maison, dans le signe du Lion, lui donne la chance de pouvoir se faufiler parmi les grands, d'être lui-même recherché pour sa bonne compagnie et ses encouragements. La chance finit toujours par arriver jusqu'à lui parce qu'il croit, parce qu'il croit en la vie et qu'il n'est pas méchant. Il lui arrive d'avoir le mot pour vous stopper, se moquer de vous, mais il aura, la plupart du temps, la délicatesse de s'arrêter avant de vous blesser. Peut-être, à une période de sa vie, essaiera-t-il de vivre agressivement. Pour lui, c'est un jeu, et quand il se rendra compte que le jeu est dangereux pour autrui, il s'arrêtera net! Il ne veut pas être méchant, il veut se faire aimer et vivre de plaisir et dans le plaisir, sans l'ombre d'une méchanceté.

Sa dixième maison, dans le signe de la Vierge, ne lui donne pas une ambition définie, si ce n'est qu'il se sent attiré vers les jeux de l'esprit, les casse-tête. Les problèmes humains l'intéressent, mais il lui arrive de trouver la solution trop facile. Amusez-vous, vous dira-t-il! Il sera habile manuellement s'il veut bien s'y appliquer. Avec un ascendant Sagittaire il arrive qu'on préfère se faire servir, voir les autres le faire à sa place!

BALANCE ET SES ASCENDANTS

Son Soleil se trouve en onzième maison, ce qui lui donne une grande intelligence et une grande facilité d'élocution. Il est sociable, aime les gens, la bonne compagnie, sans vraiment faire de différence entre les races, les riches, les pauvres. Sa nature est humaniste, permissive également. Il peut lui arriver d'être tranchant, à la manière d'un Verseau, d'être changeant encore à la manière d'un Verseau. Il voit grand, il fait d'ailleurs un excellent candidat pour la politique. Il sait défendre les droits des gens et s'allier à la masse. Les carrières publiques lui conviennent. En fait, c'est encore un jeu pour lui: gagner sa vie dans la détente et rencontrer toutes sortes de gens! Vous aimerez cette personne ou vous ne l'aimerez pas, sur le coup! S'il a l'occasion de vous revoir et qu'il ait compris que vous ne l'aimiez pas, attention: il fera tout pour vous charmer, vous amuser, vous faire rire et vous avoir de son côté! Cette position n'est pas vraiment favorable à la fidélité. Du coeur, oui. Il reste votre ami même après une rupture orageuse, mais vous aurez du mal à être la seule personne élue de son coeur. Comment peut-il n'aimer qu'une seule personne alors que l'humanité sous toutes ses formes est à découvrir?

Sa douzième maison, celle de l'épreuve, dans le signe du Scorpion, symbolise la mort et les transformations. C'est souvent après le décès d'une personne proche, d'une personne chère à qui il tenait, parfois en silence, que le natif comprend qu'il faut «réaliser» sa vie autrement. Au plaisir, il rajoutera la sagesse, se fera plus généreux, plus courtois, profondément aimable parce qu'il pourrait comprendre qu'il vaut mieux aimer les gens alors qu'ils sont vivants. Après, on ne peut être aussi sûr d'être entendu.

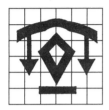 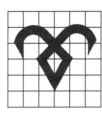

BALANCE
ASCENDANT
CAPRICORNE

Double signe cardinal, double signe de commandement, nous avons vraiment là la main de fer dans le gant de velours.

C'est la Balance économe, calculatrice, restrictive. Elle ne peut s'empêcher de calculer. Tout est trop cher pour ce que ça vaut. Quand elle fait, par exemple, des achats de vêtements, soyez certain qu'elle les retourne à l'envers pour vérifier si la doublure vaut autant que le reste.

Excellente dans les négociations, elle ne perd jamais le contrôle. Elle peut aussi mettre quelqu'un à bout à force d'arguments et le faire céder à son prix, à son affaire, à son goût.

Vous la croiriez toujours en train de vivre en état de duel, c'est elle ou l'autre et, naturellement, dans sa tête c'est déjà décidé: elle gagnera.

Elle n'est pas facile à vivre dans la vie privée. Elle joue au général, elle commande, toutes les grandes décisions lui reviennent, et surtout ne faites rien sans la consulter, ce serait une véritable insulte à son pouvoir.

Sa principale ambition: le capital qui fait des petits.

BALANCE ET SES ASCENDANTS

Elle est réaliste; c'est une travailleuse, une acharnée, les efforts ne l'effraient pas. Elle a le sens de la propriété, du placement. Elle est bien prête à rendre service, à condition toutefois qu'on ait fait un calcul pour elle et qu'elle en retirera un profit! Rien n'est donné.

Évitez de faire des dettes avec cette Balance, surtout si vous croyez ne pas pouvoir rembourser avant longtemps. Vous seriez harcelé jusqu'au dernier sou, avec intérêt à payer si vous dépassez le terme. C'est une «dure» dans les questions d'argent. Elle est au centre de sa vie et n'allez pas la déplacer.

Être discipliné, elle se demande comment les gens peuvent vivre sans une discipline comme la sienne: ce n'est pas tout le monde qui aime l'armée!

Cette Balance est peu démonstrative. Les sentiments, c'est pour les braillards. Quand on a de l'ordre et qu'on regarde les choses avec logique, on ne se lamente pas pour des petits riens. Elle aurait peur que, en démontrant de l'affection ou de la tendresse, on la prenne pour une personne faible. Elle s'est créé une image de force et tient à ce que l'on pense à elle de cette manière seulement.

Sa deuxième maison, dans le signe du Verseau, en bons aspects avec son Soleil, peut lui permettre de gagner de grosses sommes d'argent. Mais elle peut tout perdre tout aussi soudainement. Mais elle a sa réserve, son bas de laine est rempli et bien caché! L'argent lui donne un certain pouvoir, la liberté! Double signe cardinal, symbole de chef, général! Cette deuxième maison, dans un symbole uranien, peut indiquer qu'un divorce est l'occasion d'une perte d'argent considérable, surtout si le natif s'est marié trop hâtivement un jour, ou avec la mauvaise personne. L'argent peut être gagné par le biais du monde des communications, de la radio, des journaux, de la télévision, de même que par la vente de produits auprès d'un vaste public.

Sa troisième maison, celle de l'intelligence, dans le signe du Poissons, ne lui fait pas toujours dire la vérité. Balance-Capricorne ne vous dira pas qu'il est menteur, il a tout simplement omis de tout vous dire, il n'a pas eu le temps, il était pressé, puis vous étiez supposé deviner! Cette intelligence est pleine de détours. Il lui arrive de compliquer des situations simples, de faire un drame pour un détail! Et voilà qu'il a oublié l'ensemble de toute une situation. Il a voulu jouer au malin, au plus fin, il a oublié certaines composantes humaines. Certaines personnes devinent tout, mais ne diront pas qu'elles savent que le type raconte une histoire à sa façon! Elles sont diplomates et ne voudraient pas insulter le général! Cette position suscite souvent des conflits avec l'entourage au travail. Le natif soupçonne ceux qui l'entourent de manigancer contre lui. Il imagine bien des choses qui souvent n'existent que dans son imagination. Il prête aux autres des intentions qu'il a lui-même! Est-ce possible?

Sa quatrième maison, dans le signe du Bélier, indique parfois un foyer de naissance où la paix est plutôt précaire, où l'harmonie entre les membres fait défaut! Le natif peut se révolter contre cette situation, la trouver intolérable et quitter la maison quand il a encore l'âge d'aller aux études, le prétexte étant souvent un amoureux qui l'invite à prendre sa liberté. Cela est une bonne raison pour une Balance de «balancer» une situation qui ne lui plaît pas. Qu'on soit homme ou femme Balance, l'impulsion amoureuse crée une vive réaction.

Sa cinquième maison, celle de l'amour, fait que notre natif aspire à la stabilité sentimentale, cette maison cinq étant dans le signe du Taureau. Il aimerait bien vivre dans un nid douillet où chacun joue le rôle qu'il lui a assigné, mais il arrive que le travail demande plus de temps que l'amour!

Avec les enfants, notre natif agit de temps à autre en propriétaire. Il aime, il adore ses enfants, ils sont à lui, il veut les garder près de lui, diriger leur vie, en faire des gens forts, autonomes, instruits, équilibrés... parfaits quoi! «Rien n'est parfait», disait le petit Prince. Étrangement, il arrive qu'on ait voulu faire du natif une personne du monde des finances, et qu'il se dirige vers le milieu artistique, histoire de contrarier le parent Balance-Capricorne! Ce signe et cet ascendant se donnent le plus souvent deux rôles familiaux: être père et mère à la fois! Et général en chef! C'est ce qui s'appelle aller vers son propre épuisement, autant moral que physique! C'est déjà bien difficile d'être l'un ou l'autre, être les deux c'est vouloir battre les records!

Sa sixième maison, dans le signe du Gémeaux, lui donne un grand talent de communicateur. Bavard intarissable, vendeur, il prendra le temps voulu pour vous convaincre de ce à quoi il croit, ou plutôt de ce que ça lui rapportera de vous avoir persuadé! Dans sa jeunesse, il peut être timide. Si vous en avez un en bas âge, ne vous inquiétez pas s'il recule devant les gens. Le temps

BALANCE ET SES ASCENDANTS

viendra où il prendra le plancher, et vous en serez étonné, à moins de très mauvais aspects de Mercure dans sa carte natale. Cette position lui donne une grande nervosité et, à un moment de sa vie, il peut lui arriver de commettre quelques bêtises. Dans sa tête, tout est mêlé. Il faut laisser le temps faire les choses; ce natif retrouve sa stabilité la plupart du temps. Il manque de confiance en lui quand il est jeune. Si vous lui donnez très tôt cette confiance en le félicitant à chaque bon coup, il en fera de plus en plus pour vous prouver que vous avez raison de le féliciter, de lui faire confiance. Il est sensible à la critique, elle le démolit, lui enlève sa spontanéité, ou alors celle-ci devient de l'autodéfense! Quand il vous blesse, il est plus blessé que vous ne l'êtes vous-même, en fait. Il perd son temps à revenir sur sa faute, à se culpabiliser. Quand on a l'ascendant Capricorne, on se sent facilement coupable.

Sa septième maison, dans le signe du Cancer, lui donne le goût de fonder un foyer avec un homme ou une femme qui sera roi ou reine au foyer pendant que Balance-Capricorne se taillera une place dans le monde social! Voilà qui ne fait pas toujours l'affaire du partenaire qu'il soit homme ou femme. Le Cancer étant en aspect négatif avec la Balance, un divorce est possible si le natif n'arrive pas à faire certains compromis. Si vous écoutez l'un d'eux, homme ou femme, après un divorce, il se reconnaît très peu de torts et peu de responsabilités face à l'échec de son mariage. C'est la faute de l'autre. Après tout, ses ordres étaient tout à fait clairs! Une Balance, avant le mariage, est une personne parfaite. Après, dans la vie intime, le climat change. Bien que la Balance soit un signe d'union, elle est aussi un signe de raison, un signe cardinal, un symbole de chef. Le temps adoucit toujours les natifs de la Balance, il corrige ce qui peut leurs nuire. J'ai n'ai jamais rencontré une Balance qui n'était pas une personne intelligente. Peut-être ai-je été chanceuse... Ou que seules les Balances intelligentes osent m'entendre leur dire leurs quatre vérités. Je n'y vais pas avec le dos de la cuillère, comme me l'ont dit certaines personnes. Ayant moi-même trois planètes dans le signe de la Balance, je me sens toute proche, concernée!

Sa huitième maison, celle des transformations, est dans le signe du Lion. L'amour opère une transformation chez le natif, lui donne parfois le désir de changer ce qui ne lui plaît pas. Les enfants, s'il y en a, jouent un rôle important et concourent souvent à transformer l'objectif de vie du natif. Il veut gagner beaucoup d'argent, ça, ça ne change pas, mais ce n'est plus alors uniquement pour satisfaire ses besoins, mais afin de pourvoir à ceux de ses enfants, pour qu'ils ne manquent jamais de rien! Ils ne manqueront probablement de rien, même quand il s'agit d'une femme pourvoyeuse et seule. (Cela demande deux fois plus de force. Sans être féministe totalement, je me permets de constater que le pouvoir financier est encore et presque uniquement sous la juridiction mâle. J'arrête ici mes constatations sociologiques.) Madame seule est capable de déplacer des montagnes pour faire plaisir aux siens, pour leur donner toute la chance qu'elle n'a pas eue souvent.

Le coeur devra être surveillé en raison de la dépense d'énergie. Bien que le natif soit résistant, il lui arrive de dépasser les limites de sa capacité — rappelons-nous qu'il n'est pas facile d'être père et mère à la fois — c'est assumer une lourde charge.

Sa neuvième maison, dans le signe de la Vierge, lui donne, comme à plusieurs autres, une foi bien fragile. Le natif ne croit qu'à la valeur de l'argent et il se contente de prier Dieu quand ça va mal. Et croyez-moi, la liste des demandes est alors longue et les remerciements n'apparaissent pas. Dans certains cas, cette position favorise l'alcoolisme! À éviter de préférence! (Le mouvement AA non seulement guérit de l'alcoolisme, mais redonne à Dieu ce qui lui appartient!) Cette neuvième maison étant la douzième de la Balance, le natif peut être porté à bien des exagérations, autant dans ses paroles que dans ses actes!

Son Soleil se trouve donc en dixième maison et son symbole est la réussite sociale. Cette position, avec de forts aspects de Saturne, crée une forte attirance pour la politique. Le natif est persuasif, après tout! Il n'a pas la langue dans sa poche quand il a décidé de vous vendre une idée! Il pourra même vous raconter quelques mensonges, véniels bien sûr! On peut le retrouver dans différentes sphères d'action, où il finira par se frayer une place au premier rang! (J'y pense à l'instant: Pierre Elliott Trudeau, si cela peut vous encourager!)

Sa douzième maison, dans le signe du Sagittaire, est sa maison d'épreuve. Tout ce qui peut se trouver à l'étranger, ou en venir, peut lui créer un problème, mais étant donné que le Sagittaire est en position favorable avec la Balance, les épreuves sont de courte durée! En fait, avec cette position, les ennemis ne s'acharnent pas longtemps. Le natif est si logique, si habile avec la parole,

BALANCE ET SES ASCENDANTS

qu'il abat toutes les barrières et il a plus d'un tour dans son sac! S'il veut être heureux, il a tout intérêt à transformer, à troquer son habit de général d'armée pour une tenue plus simple, celle d'une personne plus compréhensive, plus ouverte à ce qui n'est pas d'elle!

 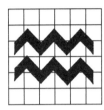 **BALANCE
ASCENDANT
VERSEAU**

Voici une Balance qui n'a rien d'ordinaire. Elle est impressionnante. Double signe d'air, signe cardinal par la Balance, et signe fixe par le Verseau. Elle hypnotise, fascine, et sa conversation est des plus intéressantes! Vous ne vous lasserez pas de l'écouter.

C'est une intellectuelle agréable à côtoyer parce qu'elle est aussi bien vivante dans le coeur. Cette nature aspire à la perfection de l'être, à la découverte des replis de l'âme. La paix mondiale, la paix universelle, la paix intérieure l'intéressent au plus haut point.

C'est une nature rêveuse, mais aussi réaliste. Elle sait très bien quand elle rêve tout haut et quand elle a les deux pieds sur terre, bien qu'elle soit un double signe d'air: l'intelligence est présente et ne quitte pas cette personne, la vivacité d'esprit est son compagnon.

Elle a des idées pas comme les autres. Elle pense vingt ans en avant de son temps! Est-elle utopique? Dans vingt ans, elle aura peut-être eu raison.

BALANCE ET SES ASCENDANTS

Cette nature est hautement inspirée et intuitive. Elle peut avoir un don de double vue, des facultés psychiques hors du commun. Ses pressentiments sont si justes qu'elle peut vous décrire un événement à venir avec maints détails. Elle est stupéfiante.

Cette Balance ne se voit pas, elle est tournée vers les autres, elle n'a pas le temps de s'occuper d'elle-même ni des gens qui vivent près d'elle. Elle bâtit et rebâtit le monde sans arrêt!

Assidue au travail, il est cependant préférable qu'elle ne se soit pas engagée dans un commerce de routine. Elle se lasse vite. Ou si à son travail il est interdit de rire ou de bavarder, soyez assuré qu'elle a vu la sortie et qu'elle se dirigera ailleurs dans un endroit plus humain, plus hospitalier.

Elle a besoin d'un contact avec le monde, la foule.

Quand elle commet une erreur, elle a bien du mal à le reconnaître. Elle a une haute estime d'elle-même. Dans toute l'intelligence qu'elle se reconnaît, comment aurait-elle pu faire une faute: c'est la faute des autres, pas la sienne, voyons!

Ne mettez pas cette Balance en colère, ne lui donnez pas d'ordre, elle est son propre maître. Elle oubliera qu'elle s'est fâchée, mais elle n'oubliera pas vos réponses, surtout si elles étaient blessantes, que ce soit la vérité ou non. Elle est bien capable de vous les resservir sur un plat froid, un jour que la Lune éveille ses frustrations!

Si vous voulez vivre avec cette personne, laissez-lui sa liberté. Mais elle tient la vôtre pour acquise. Conciliation, compromis: connaîs pas, vous dira-t-elle!

Sa deuxième maison, dans le signe du Poissons, symbolise ses avoirs. Deux sources de revenus, deux sources de dépenses également. Balance-Verseau est un natif si débrouillard qu'il ne vous demandera rien, même quand il est dans le besoin. L'argent peut provenir de différentes sources neptuniennes: cinéma, astrologie, photographie. Neptune régissant également l'alcool, on peut retrouver le natif en service dans un bar où il fait un bon travail. Il aime bien écouter les histoires des autres, il y apprend beaucoup. Neptune régit aussi la drogue. Supposez le reste. Il est à souhaiter que ce natif n'ait que de bons aspects de Neptune. Il peut exercer plusieurs métiers, il n'est pas limité et il est audacieux. Une année vous le retrouvez artiste, l'année suivante il sera en affaires. Et voilà qu'il a obtenu un rôle au cinéma. Il s'est fait aussi électricien, médecin... Rien ne l'arrête... Son esprit a faim d'apprendre continuellement. Il peut aussi être doué pour la Bourse!

Sa troisième maison, dans le signe du Bélier, lui donne une intelligence vive, une capacité de réaction peu commune pour aider ceux qui sollicitent son assistance. On peut même abuser de ses bontés à certains moments. Il est sujet aux coups de tête dans les différentes orientations de sa vie. Il veut aider l'humanité, il veut gagner sa croûte, de préférence sans trop d'efforts. Il ne veut dépendre de personne. Il a une sorte de joie enfantine, de débordement juvénile dont il ne se départit pas! Il reste jeune longtemps! Le temps n'altère pas non plus ses idées rénovatrices, son goût pour les transformations et l'exploration, pour une vie différente, nouvelle. On peut s'essouffler à vouloir le suivre. C'est une nature plutôt joyeuse. Tout de même, essayez d'éviter de dépasser son seuil de tolérance!

Sa quatrième maison, dans le signe du Taureau, lui procure souvent un foyer confortable, où il peut trouver force et équilibre. Il s'y sent en sécurité, bien qu'il soit certain qu'il a tout un monde à explorer et que la famille lui crée une limite. Il lui arrivera de quitter son lieu natal pour aller vivre au loin, explorer. La mort peut survenir au foyer durant sa jeunesse. La perte de l'un des membres de la famille peut l'affecter considérément et même transformer sa nature et lui donner une poussée vers l'avant. Le Taureau étant le huitième signe de la Balance, il symbolise la mort, les grandes transformations dans le symbole du foyer.

Sa cinquième maison, celle des amours, dans le signe du Gémeaux, lui inspire très jeune de grands élans amoureux. L'adolescence peut être vécue avec beaucoup d'exaltation et d'idéal. Sa nature sociable le rend populaire, lui attire toutes sortes d'amitiés. Il accepte tout le monde, les bons, les bien pensants, les moins bons aussi, parce qu'il leur fait du bien. Il a le sens de la conversation, il est encourageant, à moins que de mauvais aspects du Soleil et de Mercure n'interviennent dans sa carte natale. Alors là vous auriez une pie bavarde qui bat des ailes dans toutes les directions et aucune à la fois. Ses amours peuvent être de courte durée toutefois, se situant davantage sur le plan de l'amitié que sur celui de l'amour passion ou de l'amour tel que compris dans notre monde actuel. Se donner l'un à l'autre, pour ce natif, c'est bien difficile. Il se doit d'aider l'humanité, ne l'oubliez pas, puis c'est toujours trop étroit pour lui partout où il se trouve.

BALANCE ET SES ASCENDANTS

Sa sixième maison, dans le signe du Cancer, est la maison du travail. Cancer, symbole du domicile. Il arrive donc, avec des aspects spécifiques de la Lune et de Mercure que le natif fasse du travail à son domicile. Il peut aussi se donner comme but d'élever une famille comme il le faut, de vivre avec ses enfants, de les rendre heureux! Le but est noble, et d'ailleurs c'est un rôle qui se perd et qui mériterait d'être remis à la place d'honneur! Il excelle dans la cuisine, les petits plats, quand il veut, quand il se sent créatif! La santé de ce natif est généralement robuste. Quand il est malade, il fait semblant qu'il ne l'est pas, ça passe plus vite, vous dira-t-il lui-même.

Sa septième maison, celle du conjoint, dans le signe du Lion, lui fait ordinairement choisir un partenaire qui aime les enfants, qui est amoureux et qui désire une fixité. Il faut de bien mauvais aspects avec cette maison pour qu'un mariage soit rompu, si le natif a décidé de s'y engager sérieusement. Il est alors prêt à faire des concessions, au nom de sa progéniture, au nom du respect aussi qu'il porte à la signature de son contrat, au nom de la paix, de l'harmonie qui doit régner entre deux partenaires. Il attirera souvent un conjoint fortuné ou qui occupe un poste important, une fonction qui comporte de grandes responsabilités.

Sa huitième maison, celle des transformations, dans le signe de la Vierge, lui vient la plupart du temps de son inconstance, de son indécision à choisir une ligne fixe et déterminée dans son travail. De même, ce natif, avec de bons aspects de Mercure, de Mars et de Pluton peut être fortement attiré par la médecine ou la recherche. Cette position le rend fort conscient de la portée de ses actes. S'il prend un jour un mauvais tournant sur la route de la vie, il pourra revenir et reprendre la voie qui le conduit à son objectif, à son idéal.

Son Soleil se trouvant alors en neuvième maison, avec de forts aspects du Soleil et de Jupiter, il peut tout aussi bien être un acteur! En fait, tout, ou presque, lui est permis; il n'a qu'à décider, à choisir ensuite. L'influence familiale joue un grand rôle dans sa vie. Le père est une source d'inspiration, un guide. Si le père décède, il pourrait bien, de l'au-delà, continuer à guider le natif. Lui, il le sait, il pourrait vous en parler, si naturellement le père n'est plus de ce monde. Le natif a une bonne nature, il désire le bien, le bon, le meilleur même, autant pour lui que pour ceux qui l'entourent.

BALANCE ET SES ASCENDANTS

Sa dixième maison est dans le signe du Scorpion, symbole du mystère, de l'ésotérisme, des microbes également, symbole aussi de tout ce qui est enfoui, caché à la vue. Voilà ce qui intéresse le natif. Il pourra alors se lancer dans un travail qui demande de longues heures de recherche, le Scorpion symbolisant souvent un travail fait de nuit, caché à la vue de tous. Le Scorpion est également un symbole de destruction, et avec de mauvais aspects de Mars, de Saturne et de Pluton dans sa carte natale, le natif peut choisir un métier qui, plutôt que de le grandir comme cela devrait être, l'entraîne sur une voie difficile et qui pourrait ne pas être droite! Disons qu'il s'agit là d'exceptions, ces natifs sont plutôt poussés vers le beau et le bon et le meilleur, comme je l'ai dit plus haut.

Sa onzième maison, celle des amis dans le signe du Sagittaire, lui attire de nombreux amis étrangers, venus de régions lointaines. Possibilité également que ce natif épouse une personne venue de loin! Il est d'ailleurs fasciné par tout ce qu'il ne connaît pas et il aime apprendre, connaître. Il est le plus souvent aimé de tous et de chacun. On lui reconnaît un grand coeur, une belle générosité, mais, je le rappelle, ne dépassez jamais le seuil de sa tolérance. Vous avez déjà vu une tornade Balance? C'est très dangereux. Ce natif oubliera, pardonnera, mais le témoin peut être marqué pour longtemps, pour très longtemps. La scène risque d'être mémorable.

Sa douzième maison, celle de l'épreuve, se situe dans le signe du Capricorne. La perte d'un parent est possible et peut marquer le natif quand il est jeune. Possibilité que l'épreuve, avec de mauvais aspects de Saturne, vienne d'un abus d'alcool, le natif en abusant, mais jamais pour la vie, ou un membre de sa famille auquel il est fortement attaché.

Ce natif peut vaincre tous les obstacles qui se trouvent sur sa route. Sa foi dans la vie est grande, ses espoirs se renouvellent. Il aime profondément la nature et la vie elle-même, sous toutes ses formes. Quand on aime la vie, on ne se détruit pas.

BALANCE ASCENDANT POISSONS

Voici une Balance qui aime bien parler de ses petits bobos. Elle en a toujours un quelque part et est sans cesse à la recherche du spécialiste qui la guérira définitivement... jusqu'au prochain bobo! Sans ces bobos, elle aurait l'impression que ses plateaux sont vides! Surtout en vieillissant, et si elle a pris cette habitude...

Elle oscille sans arrêt entre le bonheur euphorique et la grande tristesse. Un jour, elle a trouvé sa voie, et le lendemain elle se sent perdue! Si vous l'accrochez par le bras, demandez-lui fermement ce qu'elle veut faire dans la vie.

Si vous faites ça, vous la mettrez dans un état de panique. Je vous le dis tout de suite, c'est le meilleur moyen de la faire fuir, ou de vous en débarrasser!

C'est une grande romantique de l'impossible amour! La réalité lui échappe, le rêve est sa matière première. Un rien la trouble. C'est à peine si cela paraît, mais l'oeil d'un Scorpion le verrait immédiatement.

Cette Balance a besoin de discipline dès la jeunesse. Elle se laisse trop facilement entraîner par les amis, les bons, mais

BALANCE ET SES ASCENDANTS

les mauvais aussi qui ont tout autant besoin que les autres d'avoir des témoins, des participants et des gens qui approuvent.

Cette Balance a une conscience large, une morale qui va jusqu'à l'élasticité parfois, quand trop d'aspects négatifs interviennent dans sa carte natale. Si elle permet à chacun de faire ce qui lui plaît, sans aucune censure, elle peut se le permettre aussi. La facilité a quelques attraits sur elle!

Cette Balance peut avoir le coeur broyé à la vue d'un chien écrasé. La voisine s'est coupé un doigt, et la voilà prête à faire son ménage pour elle! Elle tombe dans l'exagération si simplement, tout naturellement.

Sa deuxième maison, celle de l'argent, dans le signe du Bélier, la pousse à gagner de l'argent très vite dans la vie. Elle aurait bien aimé rencontrer un prince ou une princesse qui pourvoirait à ses besoins, mais, malheureusement, elle se retrouve victime, elle a fait confiance et on l'a trompée. Elle se demandera non pas qui est l'autre, mais qu'est-ce qu'elle a pu faire de si mal pour mériter un tel sort!

Sa troisième maison, dans le signe du Taureau, la porte à adopter des attitudes, des comportements répétitifs. En fait, il arrive que, dans une vie de ménage, après un certain temps, on lui fasse sentir que rien ne change avec elle, qu'elle est lente. Il peut lui arriver aussi d'adopter une règle de vie et de s'y conformer strictement, et de perdre ainsi toute spontanéité. Elle apprend lentement, elle a toujours peur qu'on l'induise en erreur, mais une fois qu'elle sait, c'est pour longtemps. Elle peut être attirée par des études du type artistique, esthétique, théâtral, tout comme elle peut s'intéresser au monde des affaires. Elle sera toujours prudente dans toutes ses démarches. Elle veut mettre les pieds à la bonne place, et quand elle les a, elle est fidèle au poste. Elle aime également que les choses qu'elle apprend ait une application concrète. C'est pourquoi elle est aussi très habile dans les travaux manuels qui demandent dextérité et précision. Elle aime la compagnie des gens beaux et calmes. Elle en a d'ailleurs terriblement besoin pour se soustraire à ses propres angoisses. Ce natif est en quelque sorte une éponge, il absorbe les ambiances, les climats et les fait siens. Et s'il se retrouve dans une situation tendue, il aura bien du mal à s'en échapper et, de plus, il prendra presque sur lui la cause de la dispute! Allez savoir ce qui s'est passé dans sa tête au moment de l'éclat!

BALANCE ET SES ASCENDANTS

Sa quatrième maison, celle qui représente son foyer dans le signe du Gémeaux, indique souvent un lieu de naissance qui ne correspond pas à ses aspirations profondes. Il recevra une éducation superficielle, il devra chercher par lui-même le vrai sens de la vie et sa vraie raison d'être. Il est rare qu'une personne de sa famille puisse vraiment l'informer, et surtout pas la mère du natif auquel il est attaché par le lien du sang! On lui demande d'être correct, de se conformer à ce que la société attend d'un homme ou d'une femme, de gagner sa vie, de se marier, de fonder un foyer, alors que lui, il veut savoir pourquoi tout cela. N'y a-t-il pas quelque chose qu'on lui a caché, la vérité, par exemple? Le milieu naturel peut être un foyer où on parle beaucoup, mais où personne ne prend position, un foyer où on se laisse manipuler par les opinions de la masse et qui sont retransmises au natif, mais il n'est pas dupe et il pressent qu'on ne peut être d'accord avec tout ce qui se dit.

Sa cinquième maison, celle des amours, dans le signe du Cancer, le rend maternel ou protecteur envers ceux qui lui donnent de l'affection, de l'amour, mais il arrive parfois que le partenaire aime bien durant un moment se faire dorloter comme un bébé. Et quand on est adulte, on finit par trouver le jeu lassant et commence alors une série de situations qui font voir au natif qu'il n'est pas avec la bonne personne! Ce natif a un profond respect pour les enfants. En fait, les enfants le fascinent, il aimerait bien se souvenir quand il était petit...

Sa sixième maison, celle du travail, se trouve dans le signe du Lion. Il est possible que le natif se retrouvera dans un travail où il aura des contacts avec des artistes ou des hommes d'affaires fortunés. Il n'aime pas véritablement une place de chef, il préfère la deuxième place ou la troisième. La plupart du temps il sous-estime son travail et se donne moins de qualités qu'il n'en a, alors qu'en fait il est toujours impeccable dans ce qu'on lui demande de faire. Il n'ose pas s'avancer, on ne lui a jamais appris, quand il était jeune, à être sûr de lui. Oh! Vous avez affaire à une Balance, rien ne paraît, le natif a l'air d'être bien au-dessus de ses affaires, mais au deuxième coup d'oeil vous vous rendrez compte à quel point il est vulnérable. Ce natif est travailleur, mais il a aussi grand besoin de sommeil afin de récupérer son énergie qu'il dépense souvent inconsidérément, tellement il est attentif à tout ce qui se passe autour de lui! Il absorbe, il lui faut faire le vide et le sommeil est le meilleur médicament qu'il puisse trouver.

BALANCE ET SES ASCENDANTS

Sa septième maison, dans le signe de la Vierge, également douzième signe de la Balance, lui fait souvent rencontrer des gens qui lui disent avoir besoin de lui! Voilà qu'il se retrouve médecin, médecin de l'âme de l'autre, supportant, encourageant! Mais cette Balance a bien droit à ses impatiences! Si elle décide de mettre fin à la relation, cela prendra un bon bout de temps avant que la situation ne soit officielle. Elle ne veut pas blesser davantage son malade, mais souvent sans s'en rendre compte, elle a elle-même créé cet état de dépendance. Elle voulait le dorloter, certains y prennent goût aussi. Mais une Balance n'a plus l'attrait qu'il faut pour materner longtemps, la contradiction est puissante là-dessus, elle veut aider, puis elle ne veut plus, elle veut se rendre indispensable, puis ça la fatigue de l'être. Elle aime la présence des partenaires dits raisonnables et voilà que, quand ils le sont trop, elle se demande s'ils ont aussi du coeur. Pour s'éviter un long célibat ou des amours tristes, Balance-Poissons devra se poser toutes ces questions et trouver une réponse, équilibrer ses plateaux.

Son Soleil se retrouve donc en huitième maison. L'astrologie, l'occultisme, la religion, la méditation, les médecines douces exercent un puissant attrait sur elle. Son Soleil se trouve alors dans une position comparable à celle d'un Scorpion, elle bâtit puis elle démolit, et elle recommence, et surtout sur le plan de ses amours. Une Balance a besoin de l'autre pour se compléter! Bien qu'il arrive souvent que ce natif, avant de s'initier au monde de l'invisible, ait peur de ce que cela pourrait changer dans sa vie, il finit souvent par se risquer et il découvre qu'il est plus grand qu'il pensait, que l'infini est à la portée de sa main, il n'a qu'à demander! Position favorable pour recevoir des héritages. Généralement ce natif a longue vie! Devinez la suite.

Sa neuvième maison, dans le signe du Scorpion, lui donne des contacts avec le monde invisible. Il peut en avoir peur, mais il peut aussi accepter de le vivre. Il peut être un bon médium, recevoir des messages qu'il va transmettre. Les religions peuvent être un sujet d'étude passionnant pour lui. Il arrive parfois qu'il tombe dans le fanatisme et devienne un adepte où il s'engage dans un «crois ou meurs»! Il doit se surveiller là-dessus. Ce natif est fait pour vivre une grande évolution sur la planète Terre. Plus il vieillit, plus il devient sage, et mieux il peut conseiller, devenir un guide.

Sa dixième maison, dans le signe du Sagittaire, un signe double, peut parfois le pousser à embrasser une carrière d'enseignant. Il peut aussi entrer en religion, mais il y en a de moins en moins en cette fin de siècle. Cette position favorise également une occupation dans le monde cinématographique, surtout avec de bons aspects de Saturne et de Jupiter, tout comme il peut occuper un poste où il est le guide, celui qui finalement donne ses conseils au patron... qui les observe quand ce natif a naturellement fait ses preuves sur le sens de sa stratégie. Il peut effectivement développer ce côté. Une carrière journalistique n'est pas impossible non plus. Le natif aime communiquer avec autrui et il est important qu'il ait un rôle actif au sein d'une entreprise déjà organisée!

Sa onzième maison, celle des amis, lui fait souvent préférer la présence de personnes plus âgées desquelles il apprend d'autres leçons. Comme cette maison est en aspect négatif avec son Soleil, il arrive que ce natif se refuse d'être bien avec des gens qui ont plus d'expérience que lui! Encore une contradiction qu'il devra régler avec lui-même. Il veut apprendre, mais il ne veut pas qu'on le brusque en lui dictant une leçon! Il aura peu d'amis, et il est possible qu'il en garde quelques-uns qu'il avait déjà durant sa jeunesse, son adolescence.

Sa douzième maison, celle des épreuves, dans le signe du Verseau, symbole uranien, signifie divorce, explosion, feu, grève, l'amoureux qui abandonne, tout cela sous forme de surprise et de la manière la plus étonnante et la plus originale qu'on puisse trouver. Comme le Verseau est en bons aspects avec le signe de la Balance, les épreuves sont souvent une source d'enrichissement pour le natif. Il les vit bien, au grand étonnement de son entourage. Sa dépresssion n'a pas duré trop longtemps! Uranus est également le symbole des enfants des autres. Le natif, s'il se charge d'un enfant qui n'est pas le sien, pour diverses raisons, pourrait y trouver là la plus grande leçon de sa vie! Possibilité que le natif, même après avoir secouru un enfant, ne reçoive pas toute la reconnaissance qu'il en attendait. Il a cru que son geste serait apprécié, qu'on le bénirait! Mais il reçoit souvent de l'ingratitude et, venant d'un enfant, cela pourrait le bouleverser et il mettrait peut-être un peu plus de temps à s'en remettre!

LE CALCUL DE L'ASCENDANT

Voici une méthode très simple qui permet de calculer son ascendant.

1. Il faut connaître son heure de naissance.

2. Si on est né à une date où l'heure d'été était en vigueur, il faut soustraire une heure à son heure de naissance. (Voir au tableau des heures d'été.)

3. On cherche sur le tableau des heures sidérales le temps sidéral du jour de sa naissance. Si notre date de naissance n'y est pas indiquée, il faut choisir la date précédente la plus rapprochée et ajouter quatre minutes par jour qui sépare cette date de notre jour de naissance. Disons, par exemple, que vous êtes né le 14 avril. Le tableau donne le temps sidéral pour le 10 avril, soit 13:10. Comme quatre jours séparent le 10 avril du 14 avril, il faut ajouter quatre fois quatre minutes, soit 16 minutes. On obtient donc un temps sidéral du jour de votre naissance si vous êtes né un 14 avril. N'oubliez pas que si le total des minutes dépasse 60, il faut soustraire 60 de ce total et ajouter une heure. Par exemple 06:54 plus 12 minutes. On obtient 06:66, ce qui donne en fait 07:06.

4. On ajoute à l'heure de la naissance le temps sidéral du jour de la naissance qu'on a trouvé au tableau des heures sidérales. C'est l'heure sidérale de la naissance. Si on obtient ici un total qui dépasse 24 heures, il faut soustraire 24 heures du total obtenu. Par exemple, si on obtient 32:18 on soustrait 24 heures de 32:18. Ce qui nous donne 08:18. C'est l'heure sidérale de la naissance.

5. On cherche ensuite au tableau des ascendants le signe qui correspond au temps sidéral de la naissance que vous avez trouvé à l'opération précédente. Ce signe est votre ascendant.

BALANCE

TABLEAU DES HEURES SIDÉRALES

Bélier

22 mars	11:54	1 avril	12:34	15 avril	13:29
26 mars	12:10	5 avril	12:50	20 avril	13:49
31 mars	12:30	10 avril	13:10		

Taureau

21 avril	13:53	1 mai	14:33	15 mai	15:28
25 avril	14:09	5 mai	14:48	21 mai	15:51
30 avril	14:29	10 mai	15:08		

Gémeaux

22 mai	15:55	1 juin	16:35	15 juin	17:30
26 mai	16:07	5 juin	16:51	21 juin	17:54
31 mai	16:31	10 juin	17:10		

Cancer

22 juin	17:58	1 juillet	18:33	15 juillet	19:28
26 juin	18:13	5 juillet	18:49	19 juillet	19:44
30 juin	18:29	10 juillet	19:09	22 juillet	19:56

Lion

23 juillet	20:00	1 août	20:35	16 août	21:34
27 juillet	20:16	5 août	20:51	22 août	21:58
31 juillet	20:31	10 août	21:11		

Vierge

23 août	22:02	1 sept.	22:37	15 sept.	23:33
28 août	22:22	5 sept.	22:53	21 sept.	23:56
31 août	22:34	10 sept.	23:13		

Balance

22 sept.	00:00	1 oct.	00:36	15 oct.	01:31
26 sept.	00:16	5 oct.	00:52	20 oct.	01:51
30 sept.	00:32	10 oct.	01:11	23 oct.	02:03

Scorpion

24 oct.	02:06	1 nov.	02:38	16 nov.	03:37
28 oct.	02:22	5 nov.	02:54	22 nov.	04:01
31 oct.	02:34	10 nov.	03:13		

Sagittaire

23 nov.	04:05	1 déc.	04:36	16 déc.	05:35
27 nov.	04:20	5 déc.	04:52	21 déc.	05:55
30 nov.	04:32	10 déc.	05:12		

Capricorne

22 déc.	05:59	1 janv.	06:39	15 janv.	07:34
26 déc.	06:15	5 janv.	06:54	20 janv.	07:53
31 déc.	06:35	10 janv.	07:14		

Verseau

21 janv.	07:57	1 fév.	08:41	15 fév.	09:36
26 janv.	08:17	5 fév.	08:56	19 fév.	09:52
31 janv.	08:37	10 fév.	09:16		

Poissons

20 fév.	09:56	1 mars	10:31	16 mars	11:30
24 fév.	10:11	5 mars	10:47	21 mars	11:50
28 fév.	10:27	10 mars	11:07		

TABLEAU DES ASCENDANTS

L'ascendant est dans le BÉLIER entre 18:00 et 19:04.
L'ascendant est dans le TAUREAU entre 19:05 et 20:24.
L'ascendant est dans le GÉMEAUX entre 20:25 et 22:16.
L'ascendant est dans le CANCER entre 22:17 et 00:40.
L'ascendant est dans le LION entre 00:41 et 03:20.
L'ascendant est dans la VIERGE entre 03:21 et 05:59.
L'ascendant est dans la BALANCE entre 06:00 et 08:38.
L'ascendant est dans le SCORPION entre 08:39 et 11:16.
L'ascendant est dans le SAGITTAIRE entre 11:17 et 13:42.
L'ascendant est dans le CAPRICORNE entre 13:43 et 15:33.
L'ascendant est dans le VERSEAU entre 15:34 et 16:55.
L'ascendant est dans le POISSONS entre 16:56 et 17:59.

BALANCE

TABLEAU DE L'HEURE D'ÉTÉ

Au Québec, l'heure avancée, ou heure d'été, a été en vigueur entre les dates suivantes.

1920 du 2 mai au 3 octobre.
1921 du 1er mai au 2 octobre.
1922 du 30 avril au 1er octobre.
1923 du 13 mai au 30 septembre.
1924 du 27 avril au 28 septembre.
1925 du 26 avril au 27 septembre.
1926 du 25 avril au 26 septembre.
1927 du 24 avril au 25 septembre.
1928 du 29 avril au 30 septembre.
1929 du 28 avril au 29 septembre.
1930 du 27 avril au 28 septembre.
1931 du 26 avril au 27 septembre.
1932 du 24 avril au 25 septembre.
1933 du 30 avril au 24 septembre.
1934 du 29 avril au 30 septembre.
1935 du 28 avril au 29 septembre.
1936 du 26 avril au 27 octobre.
1937 du 25 avril au 26 septembre.
1938 du 24 avril au 25 septembre.
1939 du 30 avril au 24 septembre.
1940 du 28 avril
puis tout le reste de l'année.
1941 toute l'année.
1942 toute l'année.
1943 toute l'année.
1944 toute l'année.
1945 jusqu'au 30 septembre.
1946 du 28 avril au 29 septembre.
1947 du 27 avril au 28 septembre.
1948 du 25 avril au 26 septembre.
1949 du 24 avril au 25 septembre.
1950 du 30 avril au 24 septembre.
1951 du 29 avril au 30 septembre.
1952 du 27 avril au 28 septembre.
1953 du 26 avril au 27 septembre.
1954 du 25 avril au 26 septembre.
1955 du 24 avril au 25 septembre.

1956 du 29 avril au 30 septembre.
1957 du 28 avril au 27 octobre.
1958 du 27 avril au 26 octobre.
1959 du 26 avril au 25 octobre.
1960 du 24 avril au 30 octobre.
1961 du 30 avril au 29 octobre.
1962 du 29 avril au 28 octobre.
1963 du 28 avril au 27 octobre.
1964 du 26 avril au 25 octobre.
1965 du 25 avril au 31 octobre.
1966 du 24 avril au 30 octobre.
1967 du 30 avril au 29 octobre.
1968 du 28 avril au 27 octobre.
1969 du 27 avril au 26 octobre.
1970 du 26 avril au 25 octobre.
1971 du 25 avril au 31 octobre.
1972 du 30 avril au 29 octobre.
1973 du 29 avril au 28 octobre.
1974 du 28 avril au 27 octobre.
1975 du 27 avril au 26 octobre.
1976 du 25 avril au 31 octobre.
1977 du 24 avril au 30 octobre.
1978 du 30 avril au 29 octobre.
1979 du 29 avril au 28 octobre.
1980 du 27 avril au 26 octobre.
1981 du 26 avril au 25 octobre.
1982 du 25 avril au 31 octobre.
1983 du 24 avril au 30 octobre.
1984 du 29 avril au 28 octobre.
1985 du 28 avril au 27 octobre.
1986 du 27 avril au 26 octobre.
1987 du 26 avril au 25 octobre.
1988 du 3 avril au 30 octobre.
1989 du 2 avril au 29 octobre.
1990 du 1er avril au 27 octobre.
1991 du 6 avril au 26 octobre.
1992 du 5 avril au 31 octobre.

Nous vivons dans un monde électromagnétique et la Lune peut devenir meurtrière pour les individus qui n'ont pas un bon équilibre psychique. L'influence de la Lune aboutit souvent à des tensions sociales, à des événements malheureux ou bizarres. Notre société a bien du mal à accepter l'aspect intuitif de la nature humaine.

On tient cas du rationnel dans un monde où seul un comportement raisonnable est accepté. Les vagues de désespoir dans notre société deviennent plus évidentes vues sous la lumière de la Lune. Il a été constaté par différents astrologues que le mouvement de la Lune, une pleine Lune ou une nouvelle Lune, accentue les tensions internes, et mène parfois à poser un acte contre la vie, la sienne ou celle d'autrui, ou à se laisser aller à des crises d'angoisse ou à toutes sortes de manifestations destructrices.

Le sachant, l'individu peut alors se contrôler, et ne point se laisser aller à la dépression s'il en a la tendance. Une certaine vigilance face au mouvement de la Lune et des planètes peut nous enseigner un emploi du temps approprié à nos besoins et nous permettre de vivre en harmonie avec les forces environnantes.

«Les astres inclinent mais ne déterminent pas.»

Les vrais astrologues ont adopté cet adage depuis plusieurs siècles. L'homme vient au monde avec certaines tendances négatives qu'il peut corriger et des forces qu'il peut développer. Voilà à quoi sert l'astrologie.

BALANCE

NOUVELLE LUNE 1992

4 JANVIER	1 JUIN	25 OCTOBRE
3 FÉVRIER	30 JUIN	24 NOVEMBRE
4 MARS	29 JUILLET	24 DÉCEMBRE
3 AVRIL	28 AOÛT	
2 MAI	26 SEPTEMBRE	

PLEINE LUNE 1992

19 JANVIER	16 MAI	12 SEPTEMBRE
18 FÉVRIER	15 JUIN	11 OCTOBRE
18 MARS	14 JUILLET	10 NOVEMBRE
17 AVRIL	13 AOÛT	9 DÉCEMBRE

NOUVELLE LUNE 1993

22 JANVIER	21 MAI	16 SEPTEMBRE
21 FÉVRIER	20 JUIN	15 OCTOBRE
23 MARS	19 JUILLET	13 NOVEMBRE
21 AVRIL	17 AOÛT	13 DÉCEMBRE

PLEINE LUNE 1993

8 JANVIER	4 JUIN	30 OCTOBRE
6 FÉVRIER	3 JUILLET	29 NOVEMBRE
8 MARS	2 AOÛT	28 DÉCEMBRE
6 AVRIL	1 SEPTEMBRE	
6 MAI	30 SEPTEMBRE	

NOUVELLE LUNE 1994

11 JANVIER	10 MAI	5 SEPTEMBRE
10 FÉVRIER	9 JUIN	5 OCTOBRE
12 MARS	8 JUILLET	3 NOVEMBRE
11 AVRIL	7 AOÛT	1 DÉCEMBRE

PLEINE LUNE 1994

27 JANVIER	25 MAI	19 SEPTEMBRE
26 FÉVRIER	23 JUIN	19 OCTOBRE
27 MARS	22 JUILLET	18 NOVEMBRE
25 AVRIL	21 AOÛT	18 DÉCEMBRE

NOUVELLE LUNE 1995

1 JANVIER	29 MAI	24 OCTOBRE
30 JANVIER	28 JUIN	22 NOVEMBRE
1 MARS	27 JUILLET	22 DÉCEMBRE
31 MARS	26 AOÛT	
29 AVRIL	24 SEPTEMBRE	

PLEINE LUNE 1995

16 JANVIER	14 MAI	9 SEPTEMBRE
15 FÉVRIER	13 JUIN	8 OCTOBRE
17 MARS	12 JUILLET	7 NOVEMBRE
15 AVRIL	10 AOÛT	7 DÉCEMBRE

NOUVELLE LUNE 1996

20 JANVIER	17 MAI	12 SEPTEMBRE
18 FÉVRIER	16 JUIN	12 OCTOBRE
19 MARS	15 JUILLET	11 NOVEMBRE
17 AVRIL	14 AOÛT	10 DÉCEMBRE

PLEINE LUNE 1996

5 JANVIER	1 JUIN	26 OCTOBRE
4 FÉVRIER	1 JUILLET	25 NOVEMBRE
5 MARS	30 JUILLET	24 DÉCEMBRE
4 AVRIL	28 AOÛT	
3 MAI	27 SEPTEMBRE	

NOUVELLE LUNE 1997

9 JANVIER	5 JUIN	31 OCTOBRE
7 FÉVRIER	4 JUILLET	30 NOVEMBRE
9 MARS	3 AOÛT	29 DÉCEMBRE
7 AVRIL	1 SEPTEMBRE	
6 MAI	1 OCTOBRE	

PLEINE LUNE 1997

23 JANVIER	22 MAI	16 SEPTEMBRE
22 FÉVRIER	20 JUIN	14 NOVEMBRE
24 MARS	20 JUILLET	14 DÉCEMBRE
22 AVRIL	18 AOÛT	

NOUVELLE LUNE 1998

28 JANVIER	25 MAI	20 SEPTEMBRE
26 FÉVRIER	24 JUIN	20 OCTOBRE
28 MARS	23 JUILLET	19 NOVEMBRE
26 AVRIL	22 AOÛT	18 DÉCEMBRE

PLEINE LUNE 1998

12 JANVIER	11 MAI	6 SEPTEMBRE
11 FÉVRIER	10 JUIN	5 OCTOBRE
13 MARS	9 JUILLET	4 NOVEMBRE
11 AVRIL	8 AOÛT	3 DÉCEMBRE

CONCLUSION

Ce livre a pour but la connaissance de soi. Je ne puis avoir de la volonté à votre place. Ce que vous n'aimez pas de vous, vous devrez trouver un moyen de l'extirper de votre âme, votre coeur, votre subconscient, que ce soit par une thérapie de votre choix ou en lisant des livres qui vous enseignent à vous reprogrammer à partir de la blessure que vous avez subie ou que vous vous êtes infligé. Ce que nous sommes et que nous n'aimons pas n'est la faute de personne. C'est la nôtre, la vôtre. Ce que vous serez, vous ne le devez qu'à vous-même et à personne. Une carte du ciel bien faite peut donner des indices sur notre séjour antérieur dans une autre vie que celle que nous menons maintenant. Le thème astral peut causer beaucoup sur le sujet ou peu, ça dépend de chaque individu, de ce que sa naissance veut bien lui révéler. Je travaille présentement sur le «karma» et dans deux ou trois années je pourrai vous apporter du concret, de l'«adaptable». Vous reconnaîtrai l'autre que vous étiez, celui qui est, celui qui se transforme.